한·중 금융감독 체계에 관한 비교법적 연구

주
예
비 周艺斐 ZHOU YIFEI

서울대학교 법과대학원 법학과 졸업(석사)

경력

2016 중국 사법시험 합격
2017 중국 증권종업자격시험 합격
2017 중국 기금종업자격시험 합격
2019.10. G-FAIR KOREA 2019 수출상담회 통역원
2020.08.- 중국 우리은행 본사

아시아태평양법
연구시리즈 **8**

한 · 중
금융감독체계에 관한 비교법적 연구

주예비

민속원

머리말

금융업은 현대 시장 경제의 중심이며, 금융기관에서 제공되는 금융상품과 서비스는 현대 생활의 필수적인 부분이다. 그런데 금융업에서 위기가 발생하면 체계성과 전염성이라는 특징으로 인해 온 나라 내지 전 세계 경제가 심각하게 위협을 받는다. 따라서, 금융업의 안정적이고 정연 · 건전한 발전을 보장하는 것은 국가들이 직면하고 있는 중요한 문제가 되었다. 금융감독은 금융업의 발전을 보장해주는 메커니즘으로서 각 나라의 정책 당국에 의해 높은 주목을 받고 있다. 각국의 금융감독체계는 각각 고유한 장점과 단점을 구비하고 있으므로 어느 감독체계가 최선의 선택이라고 단언할 수 없다. 따라서, 다른 국가의 상이한 금융감독체계의 특성과 연혁 과정을 분석하면 다른 감독체계의 효과성을 보다 객관적으로 관찰할 수 있으며, 감독체계의 개선 방안에서 좋은 시사점을 얻을 수 있다.

아시아의 가장 중요한 신흥경제체 중 하나인 한국은, 금융업이 고도로 국제화되어 있다. 이런 고도한 개방성으로 인해 1997년 IMF외환위기와 2008년 글로벌 금융위기에서 한국 금융업이 큰 타격을 받았다. 한국 정책 당국은 두 금융위기를 계기로 하여 금융감독 방향을 조정하고 금융감독 개혁을 심화시켰으며, 금융감독 제도 개혁, 금융감독기구의 기능 개혁, 금융감독 규칙 개혁, 금융감독 조치 개혁 등에 많은 경험을 쌓았다. 이것은 중국의 금융감독 개혁에 참고가 되었다.

21세기에 들어오면서 중국 금융시장의 발전은 점차 가속화되고 있다. 외국 투자의 영향, 전통적인 분업경영에서 겸업경영으로의 전환 등으로 인해 중국증권감독관리위원회와 중국은행보험감독관리위원회 간의 협력과 협조가 대폭 증가되었다. 이에 따라 금융감독체계에 대한 개혁이 점차 시급해지고 있다. 한국과 중국은 모두 동아시아 국가에 속하며 문화와 역사에 많은 유사점이 있으며, 현재 중국의 금융 발전 상황은 한국 과거의 발전 과정과 매우 유사하다. 금융감독에 관한 한국의 경험과 교훈은 중국에게 큰 시사점을 줄 수 있다.

이 책은 한·중 금융감독체계에 대한 비교를 연구 대상으로 삼아 한국 현행 통합감독체계와 중국의 분업감독체계를 비교하여 양국 금융감독체계의 장점과 한계를 탐구함으로써 중국 현행 금융감독체계의 문제점에 대한 해결책을 찾도록 한다. 이 책의 연구를 통하여 중국 금융감독체계의 최적화, 금융감독체계의 장점과 결함 발견, 금융시장 장래의 발전 방향 예측, 금융감독체계 개혁 등에 대해 개선 방향을 제시하고자 한다.

차례

01
서언

제1절
연구의 배경

금융감독체계는 각국의 역사, 정치, 경제, 사회 등에 따라 그 체계를 달리하고 있는데, 크게 기관별 감독institutional regulator, 기능별 감독functional regulator, 통합형 감독integrated regulator, 쌍봉형 감독twin peaks model 4가지 형태로 구분된다.[1] 기관별 감독이란 감독 대상인 금융회사의 법적 성격(즉 은행, 증권회사, 보험회사 등)에 따라 감독기관을 설치하는 감독체계 형태이다. 기능별 감독은 금융기관을 불문하고 금융업무의 법적 성격(즉 은행업무, 증권업무, 보험업무 등)에 따라 감독기관의 감독범위를 확정하는 형태이다. 통합형 감독이란 전부 금융 권역에 대한 건전성감독과 영업행위감독은 단일 감독기관에 의해 수행되는 감독체

1 • G30, "The Structure of Financial Supervision : Approaches and Challenges in a Global Marketplace", 2008, pp.10~70.

계 유형이다. 쌍봉형감독은 감독기관을 감독목적에 따라 이원화하는 감독방식이다. 즉, 소비자 보호를 목적으로 하는 영업행위감독business conduct regulation과 시스템 위험 방지를 목적으로 하는 건전성감독prudential regulation으로 구분된다. 금융감독체계 구조의 차이에 따라 그 주안점과 장단점이 달라진다.

2008년 미국발 서브프라임 모기지론Subprime Mortgage Loan 위기는 대규모 세계금융위기를 촉발시켰으며, 유럽 재정 위기의 발생으로 인하여 많은 유럽 국가가 부채에 빠지게 되었다. Capirio 등 학자들의 연구[2·]에 따르면 90개 이상의 국가에서 1980년 이후 20년 동안 다른 정도로 시스템위험과 금융위기가 촉발되었는데 금융감독체계에 대한 반성과 개혁이 매우 시급해 보였다. 미시건전성 감독은 시스템위험 예방을 충분히 중요시하지 못하므로 거시건전성 감독에 대한 탐색이 감독체계 혁신의 주요 논쟁점이 되었다. 또한, 위기 이후 영국과 미국 등 국가는 시스템위험에 대한 통제를 강화시키고 거시건전성 감독을 강조하면서 기존 금융감독체제에 대하여 과감한 개혁을 진행하였다.

중국의 금융 발전이 심화되면서 국제 금융시장과의 교류가 점점 많아지고 있으며, 금융감독의 난이도와 복잡성 또한 높아졌다. 우선, 국가간 금융위험의 전파능력이 강하다. 중국에서 위험발생에 대한 경보시스템이 불완전함으로 인하여 세계금융위기를 응대

2· James R. Barth, Gerard Caprio, Ross Levine, "The Regulation and Supervision of Banks around the World : A New Database", *Brookings-Wharton Papers on Financial Services*, 2001, pp.183~240.

하는 능력이 상대적으로 약하며 금융위기의 악영향을 비교적 심하게 받는다. 2008년 글로벌 금융위기의 폭발과 확산 이후의 대응 방식을 비추어보면, 금융감독의 강도가 부족하며 감독능력을 제고하여야 한다. 다음, 인터넷 기술의 발전과 핀테크Fin-tech[3·]의 등장에 의하여 중국 국내 금융상품이 신속히 발전되어, 일부 금융상품의 등장은 기존 분업감독체계의 경계를 넘어섰으며 감독 당국은 이런 현상을 응대할 준비가 부족하여 신속히 조치하지 못하고 있다. 전통적인 분업감독체계는 경계가 모호해지고 있는 금융업무에 더 이상 적합하지 않기 시작하였으며 겸업경영에 대하여 효율적으로 감독하지 못하게 되었다. 끝으로, 중국 주요 감독기관 간의 협동 능력이 부족하므로 은행업, 증권업 및 보험업에 대한 감독 간의 조율과 정보 교환을 강화시키기 위하여 기존 감독체계에 대한 개혁이 시급하다.

한국은 중국과 마찬가지로 분업감독을 시행하였으나 1999년 금융감독원의 발족에 따라 본격적으로 통합형 감독체계를 채택하였다. 기존 기관별 감독체계의 허점을 보완하여 국내 금융시장의 건전한 발전을 추진하였다. 감독기관 구조 개편을 통해 좋은 성과를 얻는 동시에 많은 부족과 한계도 드러났었다. 중국보다 한 발짝 앞선 한국의 금융감독체계 개편 경험을 살펴보는 것이 현재 금융감독체계 개편을 진행중인 중국에게 도움이 될 수 있다.

3· 핀테크란, 정보기술을 기반으로 한 새로운 형식의 금융 기술을 일컫는 신조어이다.

제2절
연구의 목적과 의의

감독구조의 설계는 국가의 경제 · 금융 발전의 수요에 적합하여야 한다. 감독 중복과 공백의 발생을 예방하여 감독 효율성을 상승시키며 금융위기의 발생 확률을 축소시키는 동시에, 위기 발생시 악영향을 극소화하고 관련 위험을 효율적으로 통제하는 것에 금융감독의 초점을 맞추어야 한다.[4] 각국의 금융감독체계는 각자의 우세와 한계를 지니고 있으며 금융위기 이래 금융안정의 중요성이 강조되는 추세가 발족되었으나 특정 감독체계가 이에 최적이라고 하기 어렵다. 따라서, 각 나라의 상이한 금융감독체계의 특징과 연혁 과정을 분석하면 각 감독체계의 효과를 보다 직관적으로 관찰할 수 있으며, 금융감독체계의 개선 방안에 관한 영감을 얻을 수 있다.

이 책은 금융감독체계를 연구 대상으로 삼아 중국의 분업감독체계와 한국 현행 통합감독체계를 비교하여 양국 금융감독체계 각자의 장점과 한계를 살펴서 중국에서의 감독체계 개편 관련 논의에 관한 시사점을 탐구하고자 한다.

---

[4] 刘锡良 · 刘雷, 『金融监管结构研究』, 中国金融出版社, 2020, 4쪽.

02

금융감독체계의 유형별 비교

제1절
금융감독

I. 금융감독과 금융감독체계

금융감독에 대한 다양한 이론적 논의가 거론되어 왔으나, 금융감독의 개념은 명확하게 정의하기는 쉽지 않다. 1980년대 초반부터 국제결제은행BIS 등 국제 금융감독기구에서 금융감독에 대한 이론적 접근이 시도되었지만 아직 만족할 만한 성과가 나오지 않고 있다. 그러나 1997년 6월 영란은행Bank of England이 주최한 제4회 세계중앙은행 총재단 심포지엄에서 "금융감독과 금융규제는 본질적으로 적절한 유인 구조를 창출함으로써 금융회사와 금융시장 참가자의 행태를 바꾸는 것에 관한 것"이라는 정의를 발표한 바 있다.[1]

금융감독체계란 Llewellyn이 말하는 '금융감독의 기관 구조 institutional structure of financial regulation' 즉 '금융기관과 시장을 관장하는 기관들의 수효와 구조'를 의미한다.[2] 금융감독체계가 중요한 이유는, 특정 기관구조 하에서 감독이 운영될 때 그 특정 기관구조가 감독목적 달성의 효율성에 영향을 주기 때문이다.[3] 1990년에서 지금까지 금융감독체계의 설계에 대한 학계의 논의가 점점 많아지고 있다. 특히 2008년 글로벌 금융위기 이후로 금융감독체계의 선택과 개혁 문제에 대한 논란이 더욱더 심해지고 있다.[4]

Ⅱ. 금융감독과 금융규제

금융감독과 금융규제에 대한 명확한 개념 구분이 쉽지 않아 혼용되는 경우가 많다. 규제란 공공주체가 생산이나 급부의 주체가 아닌 제3자로서 경제과정에 개입하여 경제주체들의 행위를 규율 · 유도 · 조성 · 금지 · 통제하는 작용 전체를 의미하는 것이다.[5] 금융규제는 금융규제기관과 금융시장참여자 간의 공법적 관계를 의미한다. 금융감독이란 감독당국이 금융기관의 구조 · 업무 및 금융시장을 대상으로 실시하는 감독 · 관리를 지칭한다.[6] 중앙

1· 금융감독원, 『금융감독개론』, 2020, 3쪽.

2· Llewellyn, D. T., "Institutional Structure of Financial Regulation : The Basic Issues", Paper Presented at the World Bank Semina on Aligning Supervisory Strutures with Country Needs, 2003, p.2.

3· 김홍범, 「우리나라 금융감독체계 개편」, 『한국경제연구』 Vol.31 (4), 한국경제연구학회, 2013, 134쪽.

4· 张晓朴 · 卢钊, 「金融监管体制选择 : 国际比较, 良好原则与借鉴」, 『国际金融研究』 2012년 제9기, 80쪽.

5· 이원우, 『경제규제법론』, 弘文社, 2010, 884쪽.

은행 혹은 기타 금융감독기관이 국가 법률에 따라 사회 공익을 유지하기 위하여, 행정 · 법률 수단을 통해서, 금융기관의 금융활동을 감독 · 관리하여 금융감독의 효과가 효율적으로 달성될 수 있도록 한다.[7] 감독 · 관리의 방법은 특정 감독기관을 통하여 금융체계 하의 금융기관 및 금융시장에 대하여 실시한 검사检察, 감시监测, 조직组织 및 조정调整 등으로 구성된다.[8]

일반적으로 규제regulation는 사전적事前的으로 경제주체의 행위에 대한 기본 규칙을 수립하는 것과 관련하고, 감독supervision은 경제주체의 행위를 사후적事後的으로 감시하는 것을 의미한다.[9] 그러나 이는 이론상 가능한 구분이며, 현실적으로 규제와 감독이 서로 피드백feed-back되는 데다 업무 성격상의 스펙드럼spectrum을 명확히 분리하는 것은 어렵다.[10] 현실적으로 금융규제를 포괄적으로 금융감독이라고 단일하게 표현하기도 한다. 금융규제는 금융감독 당국의 행위를 통하여 실현되며, 금융당국은 금융규제에 대한 정책을 결정하는 기능을 하기 때문이다.[11] 따라서, 이 책에서는 금융감독의 개념이 규제와 감독을 포괄하는 개념으로 사용한다.

6· 强力 · 王志诚, 『中国金融法』, 中国政法大学出版社, 2010, 47쪽.

7· 尹航, 「金融监管体制的主要问题与革新途径之研究」, 『财经金融』 2018년 제15기, 81쪽.

8· 陈四清, 『国外金融监管介绍』 上册, 中国金融出版社, 2010, 22쪽.

9· Llewellyn, D. T, "The Economic Rationale for Financial Regulation. London : Financial Services Authority", 1999, p.6.

10· 금융감독원, 『금융감독개론』, 2020, 4쪽.

11· 윤상윤, 「2010년 미국의 금융개혁법과 우리나라 금융규제 · 감독법제에서의 시사점」, 2011, 46쪽.

III. 금융감독의 목표

금융감독의 핵심은 합리적인 감독 목표를 파악하는 것이다. 이것은 감독의 방향을 명확하게 하는 데에 도움이 되며 효과적인 감독을 위한 전제 조건이자 감독·관리 조치의 채택의 근거이다. 비교적 안정적이고 효율적인 금융시스템을 구축하여 금융시장의 건전한 발전을 보장하며, 금융활동 및 그 시장 주체의 권익을 보호하고, 국가 경제와 금융의 건전한 발전을 추구하는 것이 금융감독의 목표라고 해석하는 의견이 있다.[12] 일부 학자의 분석에 따르면 금융감독의 목표는 두 부분으로 구분할 수 있다. 즉, 금융시스템 안정성 보호 및 예금자와 투자자 이익 보호라는 것이다.[13] 또한, "금융기관의 운영 목표는 통제 가능한 위험 범위 내에 수익의 최대화를 추구하는 것이며 금융감독기관의 운영 목표는 전체 금융시스템의 안정성을 유지하며 금융기관 간의 공정경쟁이 이루어지도록 양호한 제도적 보장을 제공하는 데에 기여하는 것이다"라고 주장하는 의견도 있다.[14]

금융감독의 목표에 있어서 국가마다 성향이 다르다. 그러나 금융시스템의 안정성, 금융회사의 안정성·건전성 유지 및 금융소비자 보호는 금융감독기구의 지향점이 되어야 한다는 점에서는 세계 각국이 공감대가 형성되고 있다.[15] 영국 은행법Banking Act은 예금자

12· 史福厚, 『金融监管导论』, 中国商务出版社, 2004, 14~15쪽.

13· 马德功·李天德, 「国际金融监管趋势及对我国金融监管的思考」, 『社会科学战线』 2006년 제6기, 84~86쪽.

14· 臧慧萍·徐光临, 「国际金融监管的新特点 : 审慎监管, 防患未然」, 『WTO经济导刊』 2006년 제5기, 43~44쪽.

보호에 특히 주의를 기울이며 영국은행Bank of England에 대하여 예금기관을 규제하고 예금자에 대한 기만행위를 금지하도록 요구한다. 미국 감독당국이 명시한 감독목표는 지역 내에서 효과적인 은행감독 시스템을 수립하여 금융시스템에 대한 대중의 신뢰를 유지하며 효율적이고 경쟁력이 높은 금융시스템을 구축하는 것이다.[16]

Ⅳ. 금융감독의 목적

금융감독의 목적은 크게 두 가지로 나눌 수 있다. 즉, 금융소비자 보호와 금융시스템 보호이다. 금융소비자 보호를 목적으로 하는 감독은 영업행위감독 혹은 비건전성감독이라고 부르기도 한다. 정보의 비대칭성 교정과 불공정거래의 방지를 핵심으로 하여 금융기관과 금융소비자가 금융 거래를 하는 과정 중에서 금융기관의 영업행위에 관한 적절한 기준을 제시하여 부적절한 영업행위에 의한 손해나 손실의 발생 가능성을 사전에 제거한다.[17] 금융시스템 보호는 시스템위험을 사전에 예방하여 안정한 금융시스템을 유지하려는 것이다. 이를 목적으로 하는 감독은 건전성 감독이라고 부른다. 금융기관의 건전한 경영을 위한 기준을 제시하여 이를 따르게 함으로써 금융기관의 도산에 의한 금융 소비자의 재산적 손실

15· 서호준, 「우리나라 금융감독조직의 연도별 효율성 분석에 관한 탐색적 연구」, 『한국공공관리학보』 Vol.33 (2), 한국공공관리학회, 2019-06-06, 215쪽.

16· 杨凯文, 「中英金融监管有效性比较研究－基于宏观审慎的视角」, 상해외국어대학교 석사학위논문, 2018, 13쪽.

17· 김종민 · 정순섭, 「금융규제와 시장원리에 관한 연구」, 『금융연구』 Vol.23 (2), 한국금융연구원, 2009-11-30, 15쪽.

을 예방한다.[18] 특히 은행의 경우 전통적인 기관형 시스템위험의 출발점으로서 엄격한 건전성감독의 대상이 되어왔다.[19]

2000년에 국제결제은행BIS의 당시 사무총장이던 Andrew Crocket이 한 연설에서 금융안정을 추구함에 있어서 거시건전성 및 미시건전성의 관점을 서로 결합할 필요가 있음을 역설하였다. Andrew Crocket에 의하여 거시건전성 감독의 개념이 본격적으로 소개되었다. 거시건전성 감독의 관심사는 개별 금융회사가 아니라 전체 금융시스템이다. 미시건전성 감독은 개별 금융회사 자체의 손실에 초점을 맞추고 있다. 또한, 전체 금융시스템에 귀착될 리스크의 총체적 크기는 개별 금융회사의 집합적 행태에 큰 영향을 받게 된다. 이러한 현상을 경제학자들은 리스크의 내생성endogeneity of risk이라고 한다. 반면에 미시건전성 감독에서는 자산가격이나 거시경제의 상황은 이미 '주어진' 것으로 인식하는 경향이 있다. 이들은 소위 '외생적exogeneity' 요인으로 간주되는 것이다. 이러한 점 때문에 감독당국은 개별 금융회사 입장에서의 적절한 행동이 금융시스템 전체적으로는 반드시 바람직한 결과로 이어지지 않을 수 있다는 가능성을 특히 예의주시하게 되었다.[20]

한국 「금융위원회의 설치 등에 관한 법률」 제1조에 따르면 "이 법은 금융위원회와 금융감독원을 설치하여 금융업의 선진화와 금융시장의 안정을 도모하고 건전한 신용 질서와 공정한 금융 거래

18· 위의 글, 14쪽.

19· 정순섭, 『은행법』, 지원출판사, 2017, 126쪽.

20· 금융감독원, 『금융감독개론』, 2020, 45~46쪽.

관행慣行을 확립하며 예금자와 투자자 등 금융 수요자를 보호함으로써 국민경제의 발전에 이바지함을 목적으로 한다"고 금융위원회의 설립 목적을 표현하였다. 중국 현행 「중국인민은행법」에서 "금융안정 유지"를 동 법률의 제정 목적으로 명시하였다.[21]

제2절
금융감독체계의 유형

많은 연구 결과에 의하면 금융감독체계의 설계의 차이에 따라 금융감독의 효율성과 효과에 차이가 난다.[22] 금융감독체계는 국가의 금융 안정과 경제성장을 위한 중요한 제도적 보장이며 서로 다른 금융시스템에 대하여 적정한 감독체계를 수립하여야 상이한 금융위험과 시스템위험을 효율적으로 대비할 수 있다.[23] Llewellyn 등 학자는 상이한 금융감독체계의 설계 하에 감독기관의 전문성 수준, 경험 수준, 감독 방식, 감독 취지의 차이로 인하여 금융감독의 효율성과 감독비용에 있어서 큰 차이가 날 수 있다는 점을 제시하였다.[24]

---

21 「중국인민은행법」, 2003, 제1조.

22 Goodhart, Charles, H.Philipp, T.Llewellyn David etc, "Financial Regulation : Why, How and Where Now?", New York : Routledge, 1998.

23 Heiko Hesse, Nathaniel Frank, Brenda González-Hermosillo, "Transmission of Liquidity Shocks : Evidence from the 2007 Subprime Crisis", IDEAS Working Paper Series from RePEc, 2008.

24 Jeffrey Carmichael, Alexander Fleming, David T. Llewellyn, "Aligning Financial Supervisory Structure with Country Needs", D.C. : World Bank Institute, 2004, pp.17~85.

현재 세계범위 내에 금융감독체계에 대한 명확하고 통일된 정의가 없으며 금융감독은 다양한 방법으로 구분할 수 있다. Mayes와 Wood에 따르면, 금융감독체계는 감독 목표, 감독 주체, 금융 대상자 및 감독 문화의 변화에 따라 달라지는 감독 구조를 의미한다고 주장한다.[25] 대부분 학자들은 금융감독체계의 종류와 특징을 통하여 금융감독체계의 개념을 해석한다. 예를 들면, Goodhart는 금융감독체계를 기관형, 기능형, 목표형으로 구분한다.[26] 현재 각 나라에서 주요 4가지 금융감독체계의 설계방식이 존재한다－기관별 감독, 기능별 감독, 통합형 감독 및 쌍봉형 감독.[27] 각 감독체계는 각각 장단점을 지닌다.

Ⅰ. 기관별 감독

기관별 감독은 금융업자가 수행하는 업무의 종류를 불문하고 당해 금융업자 자체를 금융감독의 대상으로 하고, 은행, 증권회사, 보험회사 등 여러 금융업자에 대하여 각각 다른 감독내용을 적용하는 것을 원칙으로 한다. 금융시장에 대하여 감독기관이 건전성 감독과 영업행위감독 두 가지 차원에서 감독한다. 현재 기관별 감독체계를 채택하고 있는 국가 · 지역은 중국 본토, 중국 홍콩 및

25· David G. Mayes, Geoffrey E. Wood, "The Structure of Financial Regulation", NY : Routledge, 2006.

26· Goodhart, Charles, H.Philipp, T.Llewellyn David etc, "Financial Regulation : Why, How and Where Now?", New York : Routledge, 1998.

27· G30, "The Structure of Financial Supervision : Approaches and Challenges in a Global Marketplace", 2008, pp.10~70.

멕시코 등이 있다.

기관별 감독의 장점은 다음과 같다. ① 각 감독기관의 소관 범위가 명확하여 감독 범위의 교차가 적다. 또한, 기관별 감독의 운영과 구현이 간단하여 많은 개발 도상국에서 채택되고 있다. ② 감독기관의 전문화, 감독자의 실무 수준 인상 및 감독 심도를 강화하는 데에 도움이 된다. ③ 과도한 권력 집중으로 인한 단일 감독기관의 감독 불능으로 야기된 전반적인 금융감독 실패를 방지하는 데에 유리하다.

기관별 감독의 단점은 다음과 같다. ① 금융 권역 중간 영역 내지 혼합 영역에 대하여 적절한 감독을 실현하기 어렵다. 금융기관의 통합 운영은 금융기관의 업무 경계를 흐리게 하는 경향이 있으므로 일부 교차 업무가 포섭되지 않거나 과도하게 통제될 가능성이 존재한다. ② 감독기관 수의 증가로 피감독 대상인 금융기관의 준수비용이 증가할 우려가 있다. 금융기관은 각자의 유형에 따라 서로 다른 감독기관에 의하여 감독 · 관리되며, 각 유형별 금융기관 간의 동일하거나 유사한 업무에 대하여 각 감독기관은 서로 다른 감독 기준을 적용할 가능성이 있다. 감독기관 간의 정보교류와 협력을 통하여 상술 문제를 어느 정도 완화할 수 있으나 기관 간 협력의 효율성 인상이 금융시장의 발전과 혁신에 비하여 뒤처지게 될 가능성이 존재한다. ③ 감독기관 간의 협력 구현이 곤란하다. 감독기관이 각종 금융업무 내지 전체 금융시장 정보를 전면적으로 파악하기 위한 기관간 협력비용이 높다. 전체 금융시스템의 위험을 대비하기 위한 효율적인 계획을 제정하고 강제 조치를 취하는 데에 방해된다.[28] ④ 새로운 금융수요에 맞는 금융상품의 개발을 저지하게 된다.[29] ⑤ 감독자원의 낭비가 발생할 수 있다. 각 감독기관이 전체 금융기능에 대하여 각자의 기준을 제정하고 적용하게 되므로 한정된 감독자원을 낭비하게 될 수 있다.

II. 기능별 감독

기능별 감독의 개념은 하버드 비즈니스 스쿨 Robert Merton이 처음 제안한 것이며 금융시스템의 기본 기능을 토대로 감독기관의 체계를 설계하는 것이다. 업무 주체와 상관없이 모든 동일한 업무는 동일한 감독기관에 의하여 감독된다.[30] 감독은 금융기관의 업무 활동 및 해당 업무가 수행하는 기본 기능에 착안하여, 이를 바탕으로 감독 구조와 감독 규칙이 구성된다. 제품, 권역 및 시장의 경계를 넘는 감독체계를 구현하도록 한다.[31] 기능별 감독은 금융기관의 업무를 은행, 증권 및 보험으로 구분하여 다른 업계에 대하여 다른 소관감독기관이 배치된다. 브라질, 프랑스, 이탈리아 및 스페인 등 국가가 기능별 감독을 채택하고 있다.

기능별 감독의 장점은 다음 3가지 측면에 반영된다. ① 감독의

28· 张晓朴 · 卢钊, 「金融监管体制选择 : 国际比较, 良好原则与借鉴」, 『国际金融研究』 2012년 제9기, 80쪽.

29· 이원우, 『경제규제법론』, 弘文社, 2010, 894쪽.

30· Robert C. Merton, "A Functional Perspective of Financial Intermediation", *Financial Management* Vol.24(2), 1995-07-01, pp.23~41.

31· 吴利军 · 方庆, 「混业经营下的中国金融监管体制 : 国际比较与路径选择」, 『教学与研究』 2012년 제8기, 35쪽.

일치성이 쉽게 유지된다. 다른 유형의 금융기관이 수행하는 동일하거나 유사한 업무에 대하여 동일한 감독 기준이 적용된다. ② 감독의 역량과 전문성을 강화하는 데에 도움이 된다. 감독기관이 다양한 금융 업무에 대하여 적정한 감독 규칙을 적용한다는 것이 보장된다. ③ 감독의 능률을 증진시키는 데에 유리하다. 최종 의사결정권을 보유하는 단일한 감독기관이 없기 때문에 여러 감독기관 간의 공정한 경쟁으로 감독 효율성을 높이는 데에 도움이 된다.

기능별 감독의 단점은 다음과 같이 5가지를 볼 수 있다. ① 감독기관의 업무 범위를 확정하기 어렵다. 특히 금융 혁신 제품이 출현한 후 해당 제품을 특정 감독기관의 소관으로 명확하게 분류하는 것이 매우 어렵다. ② 금융기관이 여러 감독기관의 요구사항을 동시에 도달하여야 할 가능성이 있다. 금융기관의 경제적비용과 시간비용이 증가된다. ③ 감독기관 간의 과도한 경쟁이 존재할 여지가 있다. 금융기관으로부터 옹호를 받기 위하여 감독기관이 느슨한 감독정책을 수행하여 더 광범위한 감독권을 확보하려는 목표를 달성하도록 하는 경향이 있을 수 있다. 이로 인하여 감독기관의 위험 예방 의식이 대폭 감소되어 감독 효율성의 저하를 초래하는 경우가 있다. ④ 시스템 위험에 대한 감독이 부족하다. 전체 금융시스템 내의 모든 금융기관의 전부 업무와 위험 정보는 물론, 한 금융기관의 전체 업무와 위험 정보조차 개별 감독기관이 완전히 파악하기 어렵다. 이와 동시에, 각 감독기관 간의 정보 교류에 많은 비용이 소요된다.[32]

32· 吴利军 · 方庆, 「混业经营下的中国金融监管体制 : 国际比较与路径选择」, 『教学与研究』 2012

Ⅲ. 통합형 감독

통합형 감독은 통합된 하나의 감독기관이 전체 금융시스템을 감독하는 체계며, 통합감독기관이 금융시장위험 예방과 해소를 담당하는 동시에 금융소비자의 권리와 이익을 보호하는 책무도 수행한다. 통합형 감독은 비교적 광범위하게 채택되고 있다. 소규모 금융시장인 경우, 한 개의 통합감독기관으로 금융시장 내의 전부 금융거래를 감독하기에 충분하다. 반면에, 더 넓고 복잡한 금융시장의 경우, 일체성과 유연성 특징은 통합형 감독체계가 가장 선호되는 감독방식이 되는 원인 중의 하나로 뽑힐 수 있다. 현재 한국, 캐나다, 독일, 스위스, 영국, 싱가포르, 일본, 카타르 등 국가에서는 통합형 감독이 채택되고 있다.

통합형 감독의 장점으로 다음이 거론된다. ① 감독기관 간의 관할권 충돌 문제가 없다. 감독 경계의 불명확으로 야기된 감독 공백이나 감독 중복 문제를 방지할 수 있으며 감독기관의 관할권 다툼이 야기되지 않는다. ② 금융산업 · 시장의 위험을 종합적 · 포괄적으로 감시한다. 한편, 통합형 감독체계 하에서 감독기관은 금융기관의 전부 업무운영이 합법한지 여부 및 그의 잠재적 위험에 대하여 전반적인 검토와 평가를 진행할 수 있으며 금융기관의 위험을 전면적으로 측정할 수 있다. 또한, 다양한 업무를 운영하고 있는 금융기관에 대한 관리 비용을 절약할 수 있다. ③ 감독 · 검사부문과 소비자보호부문 간의 유기적 연계 · 협력으로 감독 자원배

년 제8기, 35쪽.

분이 효율적으로 이루어진다. 특히 위험성이 높은 금융기관이나 업무에 대하여 감독 자원을 합리적으로 보장하는 데에 도움이 된다.

통합형 감독의 단점은 다음과 같은 4가지 측면이 보인다. ① 통합형 감독체계에서 감독 허점을 모니터링하는 검증과 상호 제어 메커니즘이 없다. 통합감독기관이 금융시스템의 일부 부문 혹은 일부 금융기관의 잠재 위험을 소홀히 하였으면 이러한 빈틈을 보완해주는 기타 감독기관이 없기 때문에 심각한 악영향을 초래할 가능성이 있다. ② 복잡한 내부 구조가 감독기관 내부의 정보교류 지체와 협동정체를 야기한다. 이론적으로 통일된 통합감독기관은 정보 교환 내지 각 내부 부서 간의 정보 공유 문제를 해소할 수 있으나 실제로는 더 넓은 금융시장을 효율적으로 감독하기 위하여 통합감독기관이 여러 하위 내부 부서를 설지하여 부문별 감독 · 관리를 수행하게 된다. 따라서 통합감독기관 내부 부서 간의 원활한 정보 교류를 달성하기에 여전히 어렵다. ③ 감독권의 과도한 집중 내지 감독기관의 감독독점 현상으로 인하여 감독 효율성 저하가 초래된다. ④ 건전성감독에 치우칠 경우 소비자보호 부문에 자원 배분이 충분히 확보되지 않을 우려가 지적된다.[33]

Ⅳ. 쌍봉형 감독

앞서 소개한 바와 같이, 금융감독은 달성하려는 목표에 따라 건

33· 금융감독원, 「주요국의 금융감독체계와 금융소비자 보호제도」, 2014, 157쪽.

전성감독과 영업행위감독으로 구분된다. 건전성감독의 목적은 개별 금융회사의 재무건전성을 유지함으로써 파급효과spill-over effect로 야기된 전체 경제환경에 미치는 위험을 최소화시키는 동시에 금융소비자보호를 추구하는 것이다. 영업행위감독은 금융회사의 영업행위가 적절한지 여부를 파악하여 사기 행위, 불공정거래 등을 방지하고 금융 소비자의 권리와 이익을 보호하는 데에 주목한다.[34]

영국 경제학자 Michael Taylor가 1995년에 쌍봉형 금융감독체계를 처음으로 제시하였다. Michael Taylor에 따르면 쌍봉형 감독체계는 목적에 따른 감독체계로서 건전성감독 기능과 영업행위감독 기능이 각각 별도의 감독기관에 의하여 수행된다.[35] 쌍봉형 감독체계란 건전성감독권한을 가진 기관과 시장감독관한 내지 영업행위감독권한을 가진 기관이 양대 봉우리로 존재하는 형태를 말한다.[36] 쌍봉형 감독의 최대 장점은 위험통제와 소비자보호가 서로 보완하면서 천연적인 합력이 형성된다는 것이다. 1998년 호주가 최초로 쌍봉형 감독체계를 도입하였으며, 2004년에 네덜란드, 2013년에 영국이 그 뒤를 따랐다. 세계 추세의 차원에서 볼 때 쌍봉형 금융감독체제는 점점 더 많이 채택될 전망이다. 영국과 호주는 금융소비자보호와 관련한 통합법을 제정하여 시행하고 있으며, 미국과 캐나다는 개별 법률의 개정이나 기존 금융법률을 통하

34· Christian Hawkesby, "Central Banks and Supervisors : the Question of Institutional Structure and Responsibilities, Selected Isueds for Financial Safety Nets and Market Discipline", Bank of England, 2000, p.100.

35· Taylor. M., "Twin Peaks. A Regulatory Structure for the New Century", Center for the Study of Financial Innovation, 1995.

36· 양기진, 「금융위기 이래 금융감독 개편 추세와 시사점－영국형 감독체계의 한국 적합성 여부」, 『상사판례연구』 Vol.31 (3), 한국상사판례학회, 2018-09-30, 83쪽.

여 금융소비자를 보호한다. 쌍봉형 감독체계는 명백한 장점을 구비하나 경시할 수 없는 단점도 지니고 있다.

1. 쌍봉형 감독체계의 장점

우선, 쌍봉형 감독은 소비자보호와 시스템보호란 두 가지 감독 목적 간의 내부 모순을 완화시킬 수 있다. 감독기관을 건전성감독기관과 영업행위감독기관으로 분리 · 설치함에 따라 통합형 감독의 포기비용 대비 금융소비자 보호가 활씬 제고되리라는 기대가 크다.[37] 즉, 영업행위감독과 건전성감독을 효율적으로 분리함으로써 금융시스템의 건전성을 유지하면서 금융소비자에게 충분한 중요시를 보장해준다.[38] 다음, 양대 감독기관이 각기의 책무만 관장하므로 기능의 겹침이 존재하지 않는다. 건전성감독기관의 직원은 금융 · 경제학계 전문가를 위주로 선임하는 반면에 영업행위감독기관은 감독 규칙을 실천하는 데에 전문성을 보유하고 있는 인재를 위주로 고용해서, 각 기관이 자체의 책무를 충실히 수행한다. 마지막으로, 영업행위감독기관이 소매금융상품의 일반소비자에게 유독 충분하게 보호해 줄 수 있으며 거래 정보의 투명성과 거래의 공정성을 보장할 수 있다. 감독 규칙의 제정 뿐만 아니라, 중재기구의 설립 및 소비자 비해에 대한 구제 조치의 제정 등 책무도 영업행위감독기관에 의하여 수행된다.

37· 위의 글, 84쪽.

38· 叶文辉, 「'双峰型'金融监管模式的国际实践及对我国的启示」, 『西南金融』 2016년 제1기, 60쪽.

2. 쌍봉형 감독체계의 한계

첫째, 건전성감독기관과 영업행위감독기관 간의 원활한 정보 교환에 지장이 있을 수 있다. 호주는 지난 2001년 호주 역사상 최대규모의 파산 사례인 HIH 보험사 파산 과정에서 쌍봉형 감독체계의 한계가 노출된 바가 있었다. 호주 왕립조사위원회는 당시 HIH보험사 파산 결과를 발표하면서 건전성감독청Australian Prudential Regulation Authority : APRA와 증권투자위원회Australian Securities and Investment Commission : ASIC간 정보 교류가 미흡하여 주식투자 및 보험 가입 제한 등 소비자 보호 조치를 취하는 데에 있어 실패하였다고 지적하였다. 또한, 2009년 호주 의회합동조사위원회에서 연금운영사인 Trio Capital 금융사기사건에 대한 조사결과를 발표할 때도 APRA와 ASIC간 소통 부재 문제를 지적하였다. 특히 APRA와 ASCI가 서로 책임과 역할을 미루면서 파국으로 치달았던 호주 여신전문금융회사인 Banksia의 파산 사례는 시사하는 바가 크다고 한다. 당시 ASCI은 예금수취 등에 대한 무인가영업은 APRA 소관이라고 주장했고 APRA는 Banksia가 은행법상 은행이 아니라며 서로 책임을 미뤘다.[39]

둘째, 감독기관의 분할에 따라 감독기관 간의 유기적 · 통합적 감독이 충분할지 여부가 우려된다. 금융기관이 두 가지 감독기관의 감독을 동시에 받아야 하므로 감독기관 간의 관할권 충돌 문제

---

39 · 이나영, 「[탐구] 해외서도 탈 많은 '쌍봉형 금융감독'—이원화 후 사각지대 · 서로 '네탓' 책임공방 '볼썽'」, 한국금융신문, https://cnews.fntimes.com, 2013.

가 발생할 수 있다. Davies에 따르면, Taylor와 그의 지지자들은 시스템위험 예방과 소비자보호의 구별을 과도하게 강조하고 있으나 실제로 이 두 목표는 밀접한 관련이 있고 장기적인 입장에서 보면 서로 간에 일관성이 구비하며,[40] 양 목표 간에 명확한 경계가 없는 것으로 볼 수 있다.

셋째, 건전성감독과 영업행위감독 간 담당업무가 명확히 구분되지 않는다. 감독의 공백underlap과 중복overlap이 발생할 수 있다. 쌍봉형 감독 체제의 가장 큰 단점은 감독의 공백이 발생할 수 있다는 것이다. 즉, 건전성감독과 영업행위감독의 범위를 명확히 구분하여야 하나, 실제로 구분하는 데에 어려움이 있으며 양 감독이 포섭할 수 없는 영역이 존재하여 감독의 부실 문제가 생길 수 있다는 점이다.[41] 이와 동시에, 쌍봉형 감독체계에서는 두 개의 감독기관이 존재하게 되므로 감독중복 문제가 발생할 가능성이 있다. 실제로 감독 수행 과정에 있어서 구분이 쉽지 않은 부분이 존재하며, 이러한 경우에는 감독의 중복 문제를 초래하여 금융기관의 업무부담을 가중시켜 금융감독의 효율성을 저해할 가능성이 있다.[42] 호주의 경우는 시스템보호기관이 관장하는 법률과 소비자보호기관이 관장하는 법률을 분리해서 별도로 제정하였다. 그러나 한국과 중국 같은 경우는 건전성감독과 영업행위감독이 혼재되어 있어 양 감독법규를 분리하는 데에 어려움이 있다. 또한, 인위적으로

40· Howard Davies, "A Grand Project We Can Do Without", *Financial Times*, 2010.

41· 고동원, 「쌍봉형(Twin Peaks) 금융감독기구 체제 도입 논의의 검토」, 『성균관법학』 Vol.25 (1), 법학연구원, 2013-03, 147쪽.

42· 위의 글, 150쪽.

두 부문을 분리시키면 중복감독과 감독혼선 등 문제가 불가피하다고 볼 수 있다.

제3절
주요국의 금융감독체계 개편 현황

I. 개관

바람직한 금융감독기구는 독립성, 책임성, 투명성 및 무결성 요소를 구비하고 있어야 한다고 Quintyn 학자가 제시하였다.[43] 상술 4가지 요소에 착안하여 각 감독체계의 우열을 비교할 수 있으나 어느 체계가 가장 이상적이라고 단언할 수 없다. 2008년 글로벌 금융위기를 겪은 선진국들은 장기간의 집중적인 공론화 과정을 거쳐서 금융시스템에 대한 개혁을 실시해 왔다. 거시건전성 감독의 중요성에 대한 인식이 강화되었다는 것은 사실이나 이를 위하여 어느 하나의 감독체계가 독보적으로 우월하다고 보기 어렵다. 통합형 감독과 쌍봉형 감독 중에 어느 유형이 더 바람직한지, 즉 소비자보호기관을 반드시 분리시켜야 한지에 관한 논란이 이어지고 있다.[44]

세계 주요국의 금융감독체계 개편 현황은 다음 〈그림 1〉과 같

---

43. Marc Quintyn, "How Much Independence for Supervisors in Financial Market Regulation?", *QFinance*, 2009, pp.2~4.

44. 금융감독원, 「주요국의 금융감독체계와 금융소비자 보호제도」, 2014, 157쪽.

이 알아볼 수 있다. 일찍이 통합형 감독을 채택한 노르웨이, 덴마크 및 스웨덴의 경우 금융위기 와중에도 큰 문제가 없어 보이며,[45] 최초로 쌍봉형 감독체계를 도입한 호주도 금융위기 당시 별다른 위해를 입지 않아서 성공한 감독체계의 하나로 여겨진다. 그러나, 그 원인으로 호주의 감독체계가 직접적인 원인이라기보다 호주 감독문화가 가진 소프트웨어적인 특성에 강점이 있다는 점 및 금융위기 당시 호주가 국제금융에 노출이 적었다는 점이 직접적인 원인이라고 지목하는 견해가 있다.[46] 또한, 쌍봉형 감독체계를 원활히 작동시키기 위하여 감독기관 간의 더욱 긴밀한 조율 · 협력을 보장하여야 하는 등 쌍봉형 감독체계의 한계를 해소하기 위하여, 여러 나라가 쌍봉형 감독체계를 기반하여 새로운 보완과 개편을 시도하였다. 대표적인 사례는 영국과 미국이다.

국가	2008년 현황	개편 상황
미국	기관 및 기능별 감독체계	· 금융소비자보호 전담기구(CFPB) 설립 · 거시건전성정책 조정기구(FSOC) 설립
영국	통합감독기구	· 쌍봉형체계로 전환(FSA를 PRA 및 FCA로 분리 설립) · 영란은행이 미시건전성 및 거시건전성 감독을 동시 담당
독일	BaFin에 의한 통합감독 분데스방크가 은행감독	· 은행감독권은 분데스방크에 집중될 예정
프랑스	기능 · 기관별 감독체계	· 통합 건전성감독기구(ACP)의 설립 · ACP 및 AMF(Autorite de Marches Financiers : 금융시장청)으로 구성된 사실상 쌍봉형체계
호주	쌍봉형감독체계(APRA 및 ASIC)	· 불변
뉴질랜드	기능 · 기관별 감독체계	· 쌍봉형감독체계(RBNZ와 FMA로 구성)
스위스	기능 · 기관별 감독체계	· 통합감독기구(FINMA) 설립

45· 김홍범, 「통합금융감독체계의 이론과 실제」, 『한국경제연구』 Vol.10, 한국경제연구학회, 2003-06, 29쪽.

46· 양기진, 앞의 글, 2018-09-30, 86쪽.

캐나다	은행・보험 감독기구의 통합(OSFI) FCAC는 소비자보호기구	・불변
일본	통합감독기구체계	・불변

〈그림 1〉 세계 주요국 금융감독체계 개편 현황[47]

II. 기관별 감독 유지 사례 – 미국

2008년 글로벌 금융위기 이후 미국은 종전의 기관별 감독체계에 대하여 개혁을 행하였다. 2008년에 공포된 '금융감독체계선진화를 위한 청사진Blueprint for a Modernized Financial Regulatory Structure, 이하 '청사진'이라고 함'이 쌍봉형 감독체계를 최적한 감독체계로 여기며 이를 금융감독체계 개혁의 장기적 목표로 두었다.[48] 그러나 청사진에서 언급된 건전성감독기관Prudential Financial Regulator : PFR과 영업행위감독기관Business Conduct Regulator : BCR의 도입은 현재까지 보류 중이다.

2010년 7월에 제정한 '도드-프랭크 월스트리트 개혁 및 소비자보호법Dodd-Frank Wall Street Reform and Consumer Protection Act'이 혁신적 내용을 규정하고 있다. 이에 따른 현재 미국 금융감독체계의 기본 형태는 다음과 같이 살펴볼 수 있다.

미국 금융감독의 핵심 위치에 놓인 연방준비제도Federal Reserve System : FRS가 최고 감독기관이며 은행, 증권회사, 기금회사 및 금융

47・ 윤석헌・고동원・빈기범・양채열・원승연・전성인, 「금융감독체계 개편, 어떻게 할 것인가?」, 『금융연구』 Vol.27 (3), 한국금융연구원, 2013-09-30, 93쪽.

48・ 陈波・李昊匡, 「我国金融监管"双峰"模式框架再造研究」, 『海南金融』, 2018년 제10기, 54쪽.

지주회사 등 금융기관에 대한 감독·관리 권한을 보유하게 되었다. 또한, 소비자금융보호국Consumer Financial Protection Bureau : CFPB이 연방준비제도 산하에 설립되며 영업행위감독을 기반한 금융소비자 보호 책무를 담당한다. 금융안정감독위원회Financial Stability Oversight Council : FSOC를 신설하여 금융기관정보 획득, 시스템위험 식별, 정책적 의견 제시 등 직능을 부여한다. 기존 미국연방예금보험공사Federal Deposit Insurance Corporation : FDIC는 신설 기관인 국가은행관리국The National Bank Supervisor : NBS과 함께 은행업에 대하여 건전성 감독을 수행한다. 증권거래위원회Securities and Exchange Commission : SEC와 선물거래위원회Commodity Futures Trading Commission : CFTC는 각각 증권, 선물 권역에 대하여 건전성 감독을 수행한다. 이러한 감독체계는 기관별 감독체계를 기반하여 쌍봉형 감독체계의 구조를 어느 정도 반영하였다.

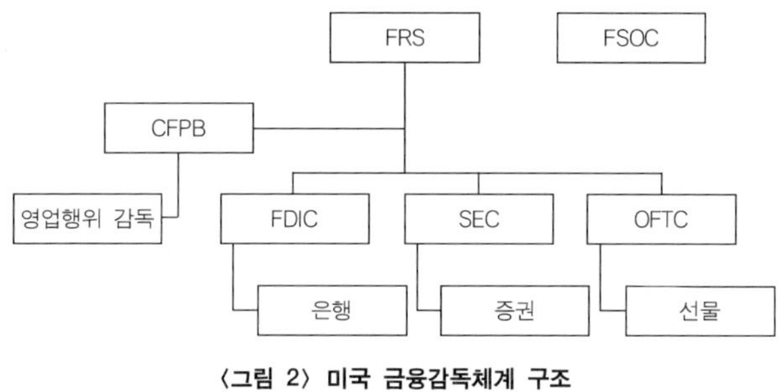

〈그림 2〉 미국 금융감독체계 구조

III. 금융위기 이전 쌍봉형 감독체계 도입·유지 사례 – 호주

1998년 금융감독체계 개혁 이후 호주가 쌍봉형 감독체계를 채택하였다. 중앙은행인 오스트레일리아준비은행Reserve Bank of Australia :

RBA이 통화정책의 제정과 수행을 담당한다. 신설 기관인 건전성감독청Australian Prudential Regulation Authority : APRA은 은행 · 보험회사 등 금융기관에 대하여 건전성감독을 수행한다. 아울러, 쌍봉 중의 또 다른 한 봉인 증권투자위원회Australian Securities and Investment Commission : ASIC가 금융기관을 상대 영업행위감독을 수행한다. 금융시장 신뢰성유지, 소비자 권익보호, 정보공개관리 등 업무가 포함된다. 상술 3개 금융감독기관 간의 소통과 협조는 금융규제이사회Council of Financial Regulators : CFR를 통하여 이루어진다. 또한 연방재정부Commonwealth Treasury of Australia : CTA는 거시경제관리, 금융정보획득, 경제추세분석, 재정정책제정 및 경제계획제정 등 책무를 담당한다.

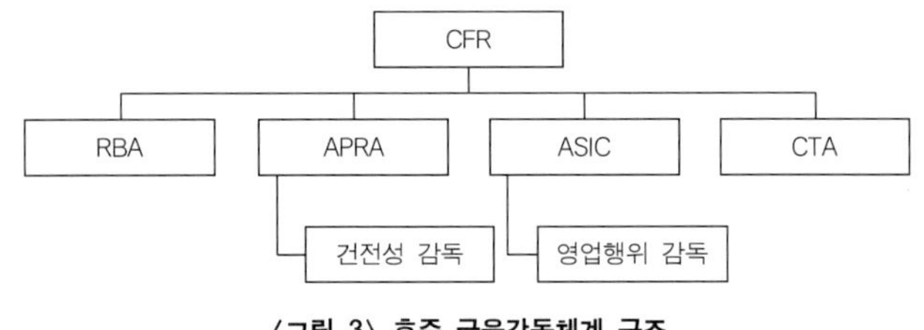

〈그림 3〉 호주 금융감독체계 구조

Ⅳ. 금융위기 이후 쌍봉형 감독체계 개편 사례 – 영국

영국은 2012년 금융감독체계 개혁에서 쌍봉형 감독체계를 도입하기 시작하였다. Michael Taylor가 제시한 쌍봉형 감독체계(호주형)와 달리 영국의 쌍봉기관이 영국은행의 지도하에 업무를 수행하며 거시건전성 감독과 미시건전성 감독을 구별하여 2개의 건전성 감독기관을 설치하였다. 통합형 감독의 일부 특징이 보존되었다. 구체적인 구조는 다음과 같이 살펴볼 수 있다.

영국은행Bank of England : BOE에 거시 · 미시건전성 감독권한을 집중되고 있으며, BOE 산하 기관인 금융정책위원회Financial Policy Committee : FPC와 건전성감독청Prudential Regulation Authority : PRA은 각각 거시건전성 감독과 미시건전성 감독을 담당한다. 독립법인인 금융행위감독청 Financial Conduct Authority : FCA이 별도로 설치되고 영업행위감독을 수행하며 금융소비자 보호의 강화를 주요 업무로 한다. 또한, FPC는 PRA와 FCA에게 업무상 지도와 의견을 제시할 권한이 있으며 감독기관 간의 원활한 교류를 보장하도록 한다.

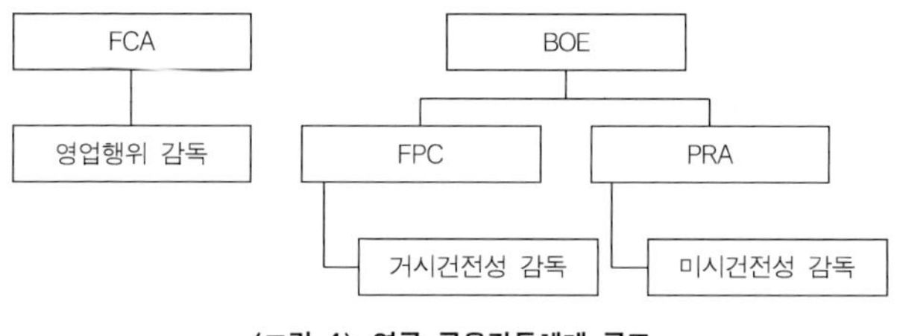

〈그림 4〉 영국 금융감독체계 구조

V. 평가

1. 미국 기관별 감독의 유지

미국 금융시장은 전세계에서 가장 발달되며 금융혁신이 가장 활발하다. 미국 역사상 여러번의 금융위기가 있었는데 2000년대 후반 세계적인 금융위기의 발원지로 간주되는 미국은 글로벌금융위기를 겪은 후 많은 반성을 행하였다. 그럼에도 불구하고 미국은 종전의 기관별 감독체계에 대해 실질적인 구조조정을 진행하지 않은 채 많은 개선과 보완을 시도하였다.

CFPB가 설립된 사실에 혹시 미국이 쌍봉형 감독체계를 긍정적으로 고려하여 이로의 이행을 검토하는 초기단계인지 의문이 있을 수 있다.[49] 그러나 미국 감독당국은 이를 부인하였다. 감독당국은 CFPB를 설립하여 복수 연방은행감독기구가 갖던 은행소비자 보호기능을 분리시킨 점에 대하여, 일종의 쌍봉형 감독체계로의 개편이라는 시각이라기 보다 역할 중복을 막기 위한 것이라는 답변을 한 바가 있다.[50]

기관별 감독과 기능별 감독은 비능률적인 감독방식이라고 지적을 많이 당하고 있는데, 중국도 역시 현재까지 기관별 감독방식을 유지해왔다. 감독체계에 대한 탐구만으로 금융감독의 난제를 근본적으로 해결할 수 있느냐에 대하여 의심할 여지가 있다. 바꿔서 말하면, 감독체계의 개편이라는 유일한 통로로만 금융감독의 효율을 제고할 수 있는지에 대해서 다시 검토해볼 필요가 있다. 미국은 금융감독체계를 크게 개편하지 않았음에도 불구하고, 점진적인 보완으로 바람직한 금융감독 성과를 얻었다. 물론 미국 금융감독체계에는 아직도 많은 허점과 부족이 남아있다는 비판이 종종 거론

49· 양기진, 앞의 글, 2018-09-30, 104~105쪽.

50· IMF, "United States : Financial Sector Assessment Program Detailed Assessment of Observance of the Basel Core Principles for Effective Banking Supervision", *IMF Country Report* 15/89, 2015, p.255.

되지만, 번거롭게 감독체계를 개편하는 것보다 당장 금융감독의 원활한 수행을 저해하는 여러 원인을 정확히 분석하고 구체적인 취약점을 보완하는 조치가 훨씬 더 효율적일 수도 있다.

2. 호주와 영국의 비교

쌍봉형 감독체계의 세계 최초 채택국인 호주는 금융위기에 큰 타격을 입지 않았는데 금융위기 이후 영국이 쌍봉형 감독체계를 도입하였으나 호주의 감독기관 구조를 따르지 않았다. 영국은 쌍봉형 감독체계 중 중앙은행중심형 감독체계를 채택하였다.[51] 감독 구조의 차이에 있어서 다음과 같은 발생 원인을 비교해볼 수 있다.

우선, 쌍봉형 감독기관의 설치 배경이 다르기 때문이다. 호주의 1998년 금융감독 개혁은 금융업의 발전으로 인한 혁신이며 온화하고 자발적인 방식으로 금융감독의 구조를 조정한 것이었다. 따라서 쌍봉형 감독의 기본 구조에 따라 독립적인 두 개의 기관을 나누어 설치하였다. 반면에, 영국은 금융위기의 충격을 마주하여 금융감독체계 개편을 실시한 것이다. 1997년 노동당 블레어정부 출범 이후, 금융감독 개혁이 본격적으로 시작되었다. 1998년 '영란은행법Bank of England Act 1998'과 2000년 '금융서비스와 시장법Financial Services and Markets Act 2000'이 잇달아 제정되었다. 영국은행이 수행해왔던 감독권은 취소되었고 영국금융청Financial Service Authority : FSA이 새로

51· 양기진, 앞의 글, 2018-09-30, 90쪽.

설치되었으며 통합형 감독인 '삼각 감독체계'가 확립되었다. 즉, 재정부는 감독 구조 구축 및 관련 법령 제정, 영국은행은 통화정책 수립 및 금융안정 유지, 영국금융청은 전체 금융기관에 대한 일괄적인 감독을 각각 수행한다. 세 기관이 주기적인 회의를 통하여 정보 교류를 진행한다.[52] 2008년 미국발 서브프라임 모기지론 위기가 발생한 후 중앙은행의 감독에 이탈된 삼각 감독체계는 거시건전성 감독의 결여로 인하여 시스템위험을 감시할 수 없다는 취약점이 노출되었다. 따라서 영국의 감독체계 개혁은 거시건전성 감독을 강화시킨다는 취지를 중심으로 복잡한 감독체계를 설계하였다.[53]

다음, 역사와 전통 등 부분에 있어 차이가 존재하기 때문이다. 호주와 달리, 영국의 쌍봉형 감독체계에서 상위 조율기관(즉 금융정책위원회)이 불가결하다. 건전성감독청과 금융행위감독청은 각자 영국금융청의 일부 책무를 승계하여 책무를 확정하였기 때문에 동일한 상위 기관을 통하여 원활한 정보공유와 교류를 보장하여 감독중복과 감독공백을 방지한다.

셋째, 금융감독에서 중앙은행의 지위가 다르기 때문이다. 호주 중앙은행은 설립 초기부터 막강한 역량을 보유하고 있었으며 중앙은행으로서의 직책뿐만 아니라 상업은행의 역할로 업무를 수행하기도 한다. 따라서, 건전성감독청의 설립은 중앙은행의 권리를 분

---

52. 任泽平, 「英国金融监管改革启示：从分业到混业到双峰」, 『审计观察』 2018년 제2기, 84~89쪽.

53. 伍晓雯, 「澳大利亚与英国'双峰'监管模式的比较研究」, 『海南金融』 2016년 제1기, 52쪽.

할하기 위한 것이었다. 감독기관의 설치에 있어 자연스레 쌍봉기관과 중앙은행이 병립하는 국면이 형성되었다. 반면에, 1496년 영국은행이 성립된 이래 중앙은행으로서의 감독권한이 부단히 확장되어 왔으며 영국 금융시스템의 안정을 유지하는 핵심 기관이 되었다. 현행 감독체계에서 양대 금융감독 목표를 수행하는 건전성감독청과 금융행위감독청은 감독 수행 과정 중에 중앙은행의 지도와 감독을 준수할 수밖에 없게 되었다.[54]

끝으로, 양 나라의 기관설계 차이를 초래한 궁극적인 원인은 쌍봉기관의 독립성 수준 차이로 꼽을 수 있다. 쌍봉기관의 독립성 수준의 높고 낮음에 따라 감독기관 권한의 범위가 결정된다. 독립성 수준의 차이는 쌍봉기관과 중앙은행의 관계에서 직접적으로 반영된다.

호주의 쌍봉기관은 중앙은행으로부터 분리되어있다. 호주의 건전성감독청과 증권투자위원회가 독립한 법적 지위를 차지하고 있으며 정부와 의회의 감독 · 관리를 직접 받는다. 쌍봉기관의 법적 지위가 평등할뿐더러 어떠한 기타 감독기관에게도 소속되지 않는다. 따라서 호주의 쌍봉기관과 중앙은행의 법적 지위는 평등하다.

영국의 건전성감독청은 중앙은행인 영국은행의 내부 기관이고 자회사이다. 한편, 건전성감독청은 자본지배관계에 의하여 회사법에 따라 모회사인 영국은행의 감독과 관리를 받는다. 다른 한편으

54· 위의 글, 53쪽.

로, 금융행위감독청은 영국금융청의 승계 기관으로서 비록 법적으로 영국은행으로부터 독립되어있지만 2012년 '금융서비스법'에 따르면 금융정책위원회의 지도와 의견을 따라야 한다. 쌍봉기관은 중앙은행과의 긴밀한 유대관계를 유지하고 있으며 중앙은행의 감독과 지도하에 책무를 수행한다.[55]

55· 위의 글, 53쪽.

03
중국의 금융감독체계의 현황

중국 금융시장에서 분업경영이 시행되고 있으므로 금융업에 대한 감독도 분업주의 원칙에 따라 「중국인민은행법」, 「상업은행법」, 「증권법」, 「보험법」, 「은행업감독관리법」 등 법률을 각각 수립하여 업종별을 나누어 감독기관을 설치하였다. 중앙정부가 감독권한을 총괄하여 은행보험감독관리위원회银行保险监督管理委员会(이하 '은보감회'라고 함) 증권감독관리위원회证券监督管理委员会(이하 '증감회'라고 함)를 설립하며, 구체적인 금융감독 직능을 부여한다.

기관별 감독체계에서 중국 금융업 감독·관리의 선도 기관인 중국인민은행은 중국의 중앙은행으로서 핵심적인 지위를 차지한다. 금융업 전체의 건강한 발전을 위하여 중국인민은행은 은행업과 신탁업뿐만 아니라 증권업과 보험업에 대한 거시적인 감독과 지도 등의 역할도 수행한다.

더불어, 2017년 11월에 출범된 금융안정발전위원회金融稳定发展委员会(이하 '금안위'라고 함)는 중국 금융산업의 최상위 감독기관이 되었다. 금안위가 중국 전체 거시경제 금융 정책을 총괄하는 가운데 인민은행과 은보감회 · 증감회, 즉 1행2회가 금융감독을 실제로 수행한다. 이와 동시에, 중국 법률에서 금융업 자율감독과 사회감독 등 감독방식이 추가로 규정되어있다. 또한, 자율감독은 금융기관 내부감독과 업계 내부감독으로 나뉘며, 사회감독은 중개기관[1] 의 감독 · 관리를 의미한다.

제1절
연혁

중국 건국이래 현재까지, 금융감독체계의 형성은 대체로 5개 단계로 나눌 수 있다. 즉, 1949~1979년 계획경제에 따른 금융강제통제 시기, 1979~1992년 중앙은행 일괄감독 시기, 1992~2003년 분업감독체계 형성 시기,[2] 2003~2018년 '1행3회' 감독체계 시기, 2018년 이후의 '1위1행2회' 감독체계 시기이다.

---

1 금융중개기관이란 저축자 일반으로부터 자금을 예입받아 그 자금을 차용인에게 대부하는 금융기관을 말한다. 넓은 의미에서 이 용어는 상업은행을 포함한 모든 금융기관에 적용되지만, 보통은 상업은행을 제외한 상호저축은행, 보험 회사, 증권금융회사, 연금 및 투자신탁회사 등을 가리킨다.

2 牛广轩, 「中国金融监管体制分权架构研究」, 운남대학교 박사학위논문, 2016, 32쪽.

Ⅰ. 금융강제통제 시기(1949~1979)

1948년 12월, 중국인민은행이 허베이성河北省에서 설립되었다. 중국인민은행은 설립 초기부터 중앙은행의 역할로 국가 금융산업을 이끌고 관리하는 책임을 맡았다.[3] 국가 경제회복시기经济恢复时期와 사회주의개조시기社会主义改造时期에 중국인민은행은 금융감독을 담당하고 있었으며, 관료자본은행官僚资本银行의 인수와 외자은행外资银行의 특권회수를 법에 따라 수행했을 뿐만 아니라, 민영 금융산업의 정비와 개조, 투기행위 단속, 금융질서 유지 등 중요 업무도 담당하였다.[4]

건국초기의 중국은 국민경제회복과 금융질서안정화 등 심각한 과제를 직면하고 있었다. 중국인민은행이 현금유동을 제어하여 금융투기를 단속함으로써 금융질서의 안정을 되찾았다. 자연스럽게 고도화 집중된 금융 감독 · 관리 체계가 구축되기 시작하였다. '일오계획一五计划'[5] 에서 1978년까지, 중국에서 고도화 집중된 계획경제를 실시하였으며 모든 금융활동이 국가의 계획에 따라 진행한다. 금융감독은 중국인민은행에 의하여 실시된다. 금융업에 대한 관리는 주로 행정수단을 통하여 이루어지며 법치의식法治意识이 상대적으로 취약하였다.[6]

---

3. 제1회 중국인민정치협상회의에서 「중국인민정치협상회의공동강령(中国人民政治协商会议共同纲领)」이 통과되었다. 제39조에서 중국인민은행의 금융관리와 통화조정 직능을 규정하였다.
4. 戴相龙, 『中国人民银行五十年——中央银行制度的发展历程』, 中国金融出版社, 1998, 80쪽.
5. 오년계획(五年计划), 즉 중화인민공화국 국민경제 및 사회발전 오년계획. 오년계획은 중국경제발전계획의 중요 내용이며 장기적인 계획이다. 국가 중대 건설사업, 생산력배분 등을 계획하여 국민경제의 발전방향과 목표를 설립한다. 1953년부터 중국은 1차 오년계획을 시작하였다. 경제학상 1953~1957년 5년 간을 '일오계획시기'라고 칭한다.
6. 崔鸿雁, 「建国以来我国金融监管制度思想演进研究」, 복단대학교 박사학위논문, 2012, 57~

II. 중앙은행 일괄감독 시기(1979~1992)

1978년 12월에 개최된 '중국공산당 제11회 중앙위원회 제3회 전체회의'는 중국 경제체제개혁의 전환점으로 꼽힌다. 동 회의에서 사회주의초기의 중요업무는 경제건설이라고 정하며 기존 체제의 최대 폐단은 '권력의 과도한 집중'이라고 지적하면서, '국가의 지도 하에 점진적으로 기업의 경영자율권을 부여하도록 한다'는 요구를 제시하였다.[7] 그 후에 4대 국유전문은행(이후 국유독자상업은행이라고 칭함)[8]이 잇따라 설립되었다. 1982년, 중국인민은행 산하 기관인 금융기구관리사金融机构管理司가 설립되었다. 금융기관개혁 연구, 금융기관 관리규정 제정, 금융기관 설립 · 해지 승인 등을 담당하는 동시에 4대 국유전문은행의 국가재정정책 수행 현황 및 내부 직책배분과 관련 규정의 제정 현황을 감독 · 조사 · 협조하여, 금융 투기와 금융 범죄를 방지하는 것에 금융감독의 초점을 맞추었다.[9]

1979년 개혁개방 이후, 금융기관의 격증에 따른 '무장지졸无将之卒' 현상이 드러나기 시작하였다. 금융업 거시감독의 발전은 매우 불리한 환경에 처해있었으며 중앙은행의 중요성이 점차 보이기 시작하였다.[10] 은행관리를 규범화하기 위해 1986년 1월 7일 국무원이 '중화인민공화국 은행관리잠행조례中华人民共和国银行管理暂行条例(이하 '잠행조례'라고 함)'를 공표하였다. 중앙은행의 직책, 관리방식, 전문은행과의

60쪽.

7· 위의 글, 69쪽.

8· 4대 국유전문은행, 즉 중국은행, 중국농업은행, 중국인민건설은행 및 중국공상은행이다.

9· 谢平, 『路径选择 : 金融监管体制改革与央行职能』, 中国金融出版社, 2004, 88쪽.

10· 崔鸿雁, 앞의 글, 2012, 76쪽.

구별 등 내용을 구체화하였으며 중국인민은행이 중국의 중앙은행이라고 명시하였다.[11] 「잠행조례」 제2장 '중앙은행'에 따르면 중앙은행은 금융법률 · 규정 초안 작성, 통화관리, 외환관리, 금융기관 설립 · 합병 · 해지 관리, 은행과 기타 금융기관 관리 등 직책을 수행한다. 「잠행조례」는 금융감독에 관한 중국 최초의 정책적 규정이나 당시 금융시장 발전 수준에 국한되어 건전성감독에 관한 원칙과 조치를 언급하지 않았다.[12] 1986년부터 1991년까지는 중국인민은행의 금융감독기능 행사의 초기단계라고 볼 수 있다. 중국인민은행은 중앙은행으로서의 직능행사가 주로 행정수단을 통하여 실현된다.[13]

Ⅲ. 분업감독체계 형성 시기(1992~2003)

20세기 80년대말에서 1993년까지, 중국 은행업은 미증유의 발전을 마주하였으며 비은행금융업도 신속하게 성장하였다.[14] 금융체계에서 자유경쟁이 부단히 심화되는 동시에, 은행이 신탁회사를 설립하거나 은행과 신탁회사가 함께 증권영업소를 설립하는 현상이 출현하기 시작하였다. 은행, 신탁, 증권 경영 업체의 혼동이 사실상 겸업경영이 형성을 상징하고 있다.[15]

---

11 周升业 · 孔祥毅, 『中国社会主义金融理论』, 中国金融出版社, 1993, 135쪽.

12 钱小安, 「建立中国统一的金融监管体制的构想」, 『财经科学』 2002년 제1기, 7쪽.

13 吴思麒, 「从分业经营到混业经营 : 对金融监管组织机构模式的研究」, 『经济研究参考』 2004년 제35기, 17쪽.

14 崔鸿雁, 앞의 글, 2012, 104쪽.

15 谢平, 앞의 책, 2004, 14쪽.

1992년 이전, 경제시장의 구축에 있어서 중국 정부는 '구역성 시범区域性试点'이라는 방식을 채택하였으므로 금융시장은 스스로 발전하고 있었으며 감독과 관리가 미비했었다. 또한, 1983년 중국 최초의 주식회사인 '심천보안연합투자공사深圳宝安联合投资公司'의 설립을 시작으로 중국에서 주식제개혁이 본격적으로 진행하였다. 초보단계에 처해있는 증권시장에서는 일괄적인 감독이 부재하므로 혼란이 초래되고 있었다. 1992년 증권업에 대한 감독 기능을 중국인민은행으로부터 분리하기로 국무원이 결정하였다. 증권감독관리위원회证券监督管理委员会(이하 '증감회'라고 함)가 설립되어 법에 따라 국가 증권시장을 감독한다.[16] 증감회의 설립 및 국무원이 제정한 '증권시장의 거시 통제 관리 강화에 관한 통지关于进一步加强证券市场宏观调控管理的通知'를 시발점으로 중국은 금융업에 대한 분업감독체계를 구축하기 시작하였다. 1993년 12월 25일에 발표된 "금융체제 개혁에 관한 결정关于金融体制改革的决定"에서 국가 금융체제개혁의 목표를 명시하며 분업감독체계 설립의 정책적 기반을 제공하였다.

1998년 12월에 제정된 「중화인민공화국증권법中华人民共和国证券法」에 의하면 증권기관에 대한 감독 기능은 중국인민은행에서 증감회로 이전되었다. 1998년 11월 18일 보험업 감독을 위한 보험감독관리위원회保险监督管理委员会(이하 '보감회'라고 함)가 설립되었으며 보험업에 대한 감독권이 중국인민은행에서 분리되었다. 2003년 3월 4일 제10차전국인민대표대회第十届全国人民代表大会에서 '국무원기구개편방안'이 통과되어 은행업감독관리위원회银行业监督管理委员会(이하 '은감회'라고 함)가 설립

16· 姜洋, 『中国证券商监管制度研究』, 中国金融出版社, 2001, 245쪽.

되었다. '중국인민은행의 감독 · 관리 책무를 은감회에게 이전함에 관한 전국인민대표대회상무위원회 결의全国人民代表大会常务委员会关于中国银行业监督管理委员会履行原有中国人民银行履行的监督管理职责的决议'에 의하면, 은감회는 중국인민은행을 대체하여 은행업에 대한 공식 감독기관이 되었다. 2003년 12월에 제정된 「은행업감독관리법银行业监督管理法」은 은감회가 국내 은행업 금융기관과 영업행위에 대한 감독과 관리를 담당한다고 규정하였음으로 법률 차원에서 당시의 감독체계를 확정하였다.

이로부터, 은감회 · 증감회 · 보감회의 이른바 금융감독 "3회" 시스템이 구축되었다. 이에 따라, 중국의 분업경영과 분업감독 방식이 확립되는 동시에 사회주의시장경제 발전 시기의 금융업경영감독제도가 본격적으로 형성되었다. 그 이후로 2018년까지 중국의 금융감독체계는 '1행3회'로 통칭한다.

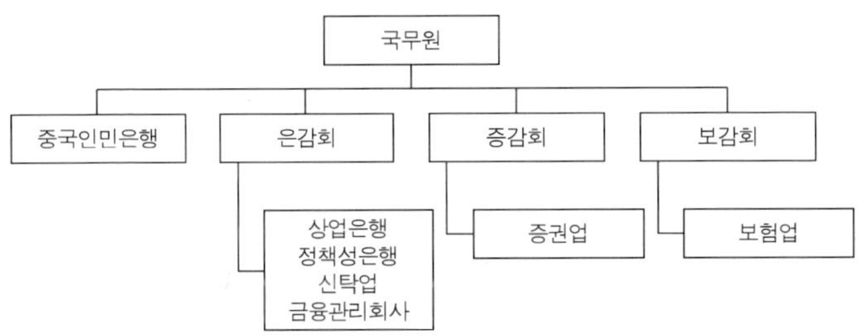

〈그림 1〉 중국 '1행3회' 금융감독 체계

Ⅳ. '1행3회' 감독체계 시기(2003~2018)

21세기이래, 중국은 WTO에 가입하며 경제와 금융의 개방 수준이 부단히 제고되므로 금융업 겸업경영 발전 추세가 점차 또렷해졌다. 2002년 중신그룹中信集团, 광대그룹光大集团 및 평안그룹平安集团이 국무원의 승인을 거쳐 시범업체인 통합금융지주그룹综合金融控股集团으로 출범되었다. 은행업, 증권업, 보험업, 기금업 등 모든 금융서비스를 일괄 병행하는 통합금융지주그룹의 설립은 중국 금융업이 분업경영에서 겸업경영으로 매진했다는 징표로 간주되고 있다. 즉, 금융업의 자발적인 겸업발전이 점차 국가정책과 법률에 의해 인증되며 추진되고 있었다.[17] 국내와 전세계의 금융경영 흐름과 맞서고 있는 기존 분업경영방식에게 심각한 도전이 앞두고 있다. 금융체계의 개혁뿐만 아니라, 금융업 경영방식의 변화로 인하여 큰 영향을 받게 된 금융감독 제도와 이념의 혁신은 관건이 되었다.

기존 분업감독체계의 잠재적 문제점이 드러나기 시작하였다. 우선 화폐시장과 자본시상 사이의 자금유동으로 인하여 상업은행, 신탁투자업체, 증권회사, 보험회사 간의 관련성이 강화되면서, 자금거래와 자산부채를 기반한 금융업체 간의 제어관계가 심화되었으므로 분업감독에게 지장을 초래하였다. 둘째로, 통합금융지주그룹의 출현에 따라 사실상 겸업경영이 이루어지고 있었다. 따라서 기관별을 기준으로 감독주체를 구분하는 기존 기관별 감독체계는 더 이상 효율적으로 운영될 수 없게 되었다. 셋째로 감독기관 간의

17· 吴弘, 『中国证券市场发展的法律调控』, 法律出版社, 2001, 49쪽.

협력과 소통 부족 문제가 부각되면서 국무원과 유관 기관이 대책을 도모하기 시작하였다.

V. '1위1행2회' 감독체계 시기(2018년 이후)

2015년 11월에 발행된 '국가 경제 및 사회 발전을 위한 제13개 5년 계획의 제정에 관한 중국 공산당 중앙위원회의 제안中共中央关于制定国民经济和社会发展第十三个五年规划的建议'에 따르면, 현대 금융의 특성에 적합한 효율적이고 선진적인 금융감독체제를 신속히 구축하여야 한다고 제안하였다. 이를 배경으로, 중국은 새로운 금융감독체계 개혁을 시작하였으며, 다음 두 가지 중요한 기구개편을 실시하였다. 한편, 2017년 7월에 열린 제5차국가금융공작회의第五次全国金融工作会议에서 국무원금융안정발전위원회国务院金融稳定发展委员会(이하 '금안위'라고 함)의 설립을 발표하였다. 2017년 11월, 금안위 첫 번째 전체회의가 공식적으로 소집되었으며, 금안위의 법적 성격을 '금융안정, 금융개혁 및 금융발전에 관한 중대한 문제를 총괄하고 조정하는 국무원의 의사협조기관'으로 지정하였다. 다른 한편, 2018년 3월에 개최한 제13차 전국인민대표대회에서 통과된 '국무원기구개혁방안国务院机构改革方案'에 따르면, 은감회와 보감회는 중국은행보험감독관리위원회中国银行保险监督管理委员会(이하 '은보감회'라고 함)로 통합되었다. 은감회와 보감회가 담당하던 법률·법규 초안의 제정 및 건전성감독 책무가 중국인민은행으로 이전되었다.[18] 이를 이정표로 삼아 중국의 "1행1위2회" 금

18· 「국무원기구개혁방안」, 2018, 제2부분 제3조.

융감독체계가 확립되었다.

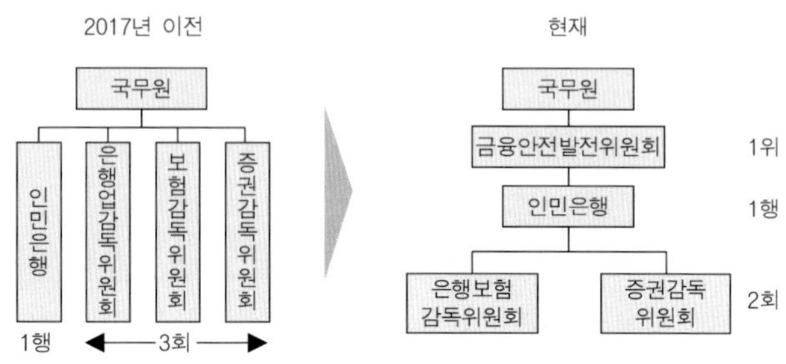

〈그림 2〉 중국 금융감독 체계 변화

1. 금융안정발전위원회의 출범

2017년 7월 14일 제5차 전국금융공작회의第五次全国金融工作会议에서 시진핑习近平 주석이 금융당국간 협력과 감독상의 허점 등을 보완하기 위하여 국무원 산하 금융안정발전위원회金融稳定发展委员会(이하 '금안위'라고 함)를 설립할 결정을 공표한 이후, 11월 8일 마카이马凯 국무원부총리 주재로 제1차 전체회의를 개최하면서 금융발전위원회가 공식적으로 출범되었다.

금융감독기능이 '1행3회'인 4개 기관에게 분배되어있다는 것이 효율적인 금융위험 예방에 저해된다는 사실이 명백하다. 국가 차원에서 금융업을 관리하기 위하여, 금융감독을 총괄하는 감독기구인 금안위를 설립하여 발생 가능한 금융위험을 예방하고 국가경제와 금융시스템의 장기적 안정을 도모하는 데에 기대를 두었다.

금안위는 금융산업의 최상위 금융감독기관으로서 기관별금융감독체계 하의 중국인민은행의 거시관리와 시스템위험방지 업무를 강화하며, 각 업종별 금융감독기관의 감독행위를 조율하고 금융시장의 안정적 발전을 도모하는 것을 중심으로 업무를 수행한다.

2. 은감회와 보감회의 통합

1997년 아시아금융위기가 폭발한 직후 당시 중국 경제를 주관하는 주룽지朱镕基 국무원총리는 금융업의 분업경영과 분업감독을 강조하여 금융감독체계를 '1행3회'로 개편하였다. 그러나 최근 들어 인민은행이 금융혁신을 강조한 가운데 금융시장에서 업종 간 경계를 뛰어넘는 경영 방식이 구현되고, 업종 간의 자금 교차거래 등이 보편화되기 시작하였다. 금융업 분업감독의 허점이 노출되면서 금융감독체계 개혁의 필요성이 드러나기 시작하였다.

중국 정부는 2017년 7월에 금융위험을 예방하기 위하여 인민은행의 상위기구인 금안위를 설립한 후 기존 '1행3회' 체제를 조정하였다. 2018년 3월 13일 제13회 전국인민대표대회에서 국가기구 개편안이 발표되었으며 은감회와 보감회를 은보감회로 합쳤다. 2018년 4월 8일에 은보감회가 공식 출범하였다. 이로써 중국금융감독체계는 기존의 '1행3회'에서 '금안위－인민은행－은보감회－증감회' 이른바 '1위1행2회' 체제로 개편되었다.

2018년 8월 14일에 '은보감회삼정방안银保监会三定方案(이하 '삼정방안'이라고 함)'이 공식적으로 실시되었다.[19] 삼정방안에 따르면, 은감회와 보감회로 합쳐진 은보감회가 규모는 커졌지만 권한 범위가 축소되었다. 은감회 · 보감회가 소관하던 은행업과 보험업 관련 법률 · 법규 초안 작성 및 기본 감독제도 제정 책무는 인민은행으로 이전되었기 때문이다. 즉, 은보감회가 법률 · 법규의 제정을 제외한 은감회와 보감회의 대부분 권한과 책무를 승계하였다. 은보감회는 법률 법규에 따라 은행 · 보험업 일괄 감독 · 관리, 은행 · 보험업의 안정적 발전 유지, 금융위험 예방 · 해소, 금융 소비자의 합법적 이익 보호 및 금융안정 유지 등 책무를 수행한다.

제2절
현행법상 금융감독체계

2017년 국무원금융안정발전위원회의 설립에 따라 중국의 금융감독 체제가 분업에서 통합으로 개편하기 시작하였다. 제13차 전국인민대표대회는 금융감독체계의 개편 방식을 명확히 제시하였으며 이에 따른 금융감독체계는 '1위1행2회'이다. 신 감독체계는 금융기관에 대한 감독조치를 대폭 강화시켜, 금융감독체계의 전반적인 조정을 촉진하는 데다가 분업감독체계에서 노출된 감독중복 및 능률저하 등 문제를 보완하는 데에 몇몇 성과를 얻었다.

우선, 금안위가 설립된 후 감독기관과 관련 금융기관 간의 유대관계가 더욱 긴밀해져 정보교류가 원활해졌다. 다음, 중국인민은

19· 삼정이란 직책을 정하고, 내부직능부문을 정하고, 인원 구성을 정한다는 것이다.

행 거시건전성 감독 기능의 강화에 따라 중앙은행으로서의 지위와 역량이 더욱 강화되므로 통화정책과 건전성 감독의 수행에 있어서 중국인민은행이 점점 더 중요한 역할을 담당하고 있다.[20] 끝으로, '2회'의 감독 책무와 감독 대상이 더 명확해졌으므로 감독의 효율성이 상승하였다. '1행3회' 감독체계의 여러 문제를 개선하였으며 금융시스템의 안정적인 발전을 유지하는 데에 유효성을 보이고 있다.

기관	주요 직책
국무원금융안정발전위원회	금융개혁과 금융감독 총괄 통화・재정・산업 정책의 협조 총괄 감독협조의 권위성과 유효성 증진
중국인민은행	통화정책 제정 거시건전성 감독 주도 시스템위험 예방
중국은행보험감독관리위원회	은행・보험업 감독・관리 소비자의 합법적인 이익 보호 금융위험 예방과 해소
중국증권감독관리위원회	자본시장 감독・관리 정보공시 진실성 확보
각 지방 금융감독국	각 지역 금융발전 안정성 유지 감독 강화

〈그림 3〉 중국 현행 금융감독체계 구조[21]

중국의 국무원은 전국인민대표대회의 집행기관이며, 최고 국가행정기관으로서, 전국인민대표대회 폐회 기간에 그 상설기관인 전국인민대표대회상무위원회에게 지시를 받으며 업무 현황을 보고

20・ 冯艳妮, 「中国金融监管体制现状及改革对策」, 길림대학교 석사학위논문, 2017.

21・ 姚瑶・张明月・闫琪, 「我国金融监管框架改革探讨」, 『合作经济与科技』 2018년 제20기, 62쪽.

한다. 국무원은 판공청办公厅, 6개 구성부문组成部门, 1개 직속특설기구直属特设机构, 16개 직속기구直属机构, 2개 사무기구办事机构, 9개 직속사업단위直属事业单位, 16개 국무원 부·위가 관리하는 국가국国务院部委管理的国家局, 여러개 국무원의사협조기구国务院议事协调机构로 구성된다.

국무원 구성부문은 국무원의 기본 행정 관리 기능을 수행하는데 행정주체 자격을 가지지 않는다. 직속사업단위는 영리를 목적으로 하지 않아 국가 기관의 지부分支机构로서 운영되어 국무원 핵심부서의 직접 관리를 받으며 독립적인 법인격과 재산권·인사권을 갖추지 않고 재정지원금을 통하여 재정적 지원을 받는다. 금안위는 국무원의사협조기구며 중국인민은행은 국무원의 구성부문 중의 하나이고, 은보감회와 증감회는 국무원의 직속사업단위이다.

I. 금융안정발전위원회

금안위의 주요 책무는 금융개혁발전과 감독·관리를 총괄하고 통화정책과 재정정책, 금융산업정책 등을 일괄 조율하며 감독기관 간 협력 권위성과 효과성을 제고하는 것이다. 구체적으로 보면, 금안위는 감독기관 간의 협력 통로를 개설·유지하고 감독기관을 총괄적으로 조율하며 위험감시 조기경보와 조기관여 메커니즘을 관리하고 금융감독·관리의 허점을 보완한다. 또한, 감독제도의 건전성을 유지하고 금융감독·관리 방법을 개선하여 감독기관의 부실한 업무수행에 대하여 문책을 진행하며 금융업개혁개방金融业改革开放을 축진하는 동시에 금융 시스템위험을 적절히 조치하는 업무 등을 수행한다.

II. 중앙은행 – 중국인민은행

1. 설립 및 목적

「인민은행법」 제2조에서 '중국인민은행은 중화인민공화국의 중앙은행이다. 중국인민은행은 국무원의 지도 하에 통화정책을 제정 · 집행하고 금융 위험을 방지 · 해소하며 금융안정을 보장한다'고 규정하고 있다. 「인민은행법」 제8조에서는 '중국인민은행의 전체 자본은 국가가 출자한 것으로서 국가 소유에 속한다'고 규정하고 있다. 즉, 중국인민은행은 중앙정부인 국무원의 산하 행정기관이며, 국무원의 지도하에 중앙은행으로서 통화정책 수립 · 집행, 금융위험 예방 및 금융안정 수호 등 기능을 수행한다.

중국인민은행은 중국의 중앙은행으로서 화폐 발행에 대한 독점권을 지닌 발권은행이자 일반 대중과 직접거래를 하지 않고 재할인 · 대출거래 · 유가증권매매 등 일반은행을 상대로 거래하며 일반 대중에게는 최종 대부자 역할을 수행하는 은행의 은행, 국고금을 관리하고 정부에 신용을 공여하는 정부의 은행, 금융 정책 담당 은행으로서 지급준비율정책과 공개시장정책 등을 수립 · 집행하여 금융조정 관련 정책을 담당하는 은행 역할 등이 있다.[22] 또

22· 강효백 · 노은영, 『중국금융법』, 한국학술정보, 2016, 89쪽.

한, 인민은행은 금융시장의 운영현황 전반에 대한 거시건전성 감독을 실시하는 주도적 역할을 담당한다. 인민은행을 통하여 국가가 국민경제에 대하여 거시경제관리를 시행할 때에 단지 행정수단을 이용하는 것 뿐만 아니라 경제수단을 활용하여 관리하는 경우가 더 많다.

2. 직능 및 역할

중국인민은행의 주요 직책은 국무원의 지도 하에 통화 정책 제정 · 집행, 금융위험 예방 · 해소, 금융안정 유지, 은행 · 보험업 법률 · 법규초안 제 · 개정 및 기본제도 제 · 개정 등이 있다. 또한, 중국인민은행의 핵심 책무는 거시경제관리인데 통화정책 시행 및 금융안정 유지를 위하여 필요한 감독업무도 수행한다. 구체적인 내용은 다음과 같다.

(1) 거시경제 관리 직책

「인민은행법」 제4조에서는 인민은행이 중앙은행으로서의 목적을 달성하기 위한 주요 직책을 다음과 같이 규정하고 있다. ① 중앙은행 기능과 관련한 명령 및 규장의 공포와 집행. 「입법법」제80조에 의하여 인민은행은 권한 범위 내의 사항을 위하여 필요한 법적 효력이 있는 명령과 규장을 공포할 수 있다. ② 법에 의거한 통화 정책의 제정과 집행. 법에 따라 통화 정책을 제정하여 집행하는 직책은 중국인민은행의 가장 중요한 직책이다. 통화 정책은 국가가 경제발전과 물가안정 등의 정책 목표를 달성하기 위하여 취하는 금융 정책 중 하나이다.[23] 「인민은행법」제5조에서 '중국인민은행의 연도 화폐 공급량 · 이율 · 환율 및 국무원이 규정한 기타 사항에 대한 결정에 관하여 국무원에 보고하고 비준받은 후 집행한다. 중국인민은행은 전항을 제외한 기타 화폐정책과 관련된 사항에 대하여 결정을 내린 후 적시에 이를 실행하며 아울러 국무원에 보고한다'고 규정하고 있다. ③ 인민폐의 발행과 유통의 관리. 「인민은행법」제16조에 따라 중국인민은행은 인민폐를 발행하는 권한이 있으며 중국 내에 유일한 발행기관이다. 뿐만 아니라, 중국인민은행이 인민폐의 유통도 관리하여야 한다. ④ 은행간 대출시장과 은행간 채권시장에 관한 감독관리. 은행간 대출시장과 채권시장에 대하여 중국인민은행이 「은행간 대출 관리방법同业拆借管理办法」 등의 부문규장을 규정하여 놓았다. ⑤ 외환관리 실시 및 은행간 외화시장에 대한 감독 · 관리. 중국인민은행이 국무원 부 · 위部委가 관리하는 국가국国家局 중의 하나인 국가외환관리국을 통하여 외환관리직책을 이행한다. ⑥ 황금시장의 감독 · 관리. 「금은관리조례金銀管理条例」에 따라 중국은 금은에 대하여 통합관리를 실행하며 황금관리를 주관하는 기관은 중국인민은행이다. 국가의 황금 비축 및 금은제품의 심사 · 승인 등의 직책도 담당한다. ⑦ 국가 외환의 비축 · 관리 · 경영과 황금의 비축. 중국인민은행은 중국 내에서 외환과 황금을 보유하고 관리하는 유일한 기관으로 국제 외환시장과 황금시장 상황에 따라 외환 및 황금매매 업무를 수행하고 있다.[24] ⑧ 국고 경영관리. 중앙은행이 정부의 은행으로서 수권을 받아 국고를 경영한다. 즉 재정수지는 중국인민은행이 대행한다. 또한, 국

---

23 · 강효백 · 노은영, 앞의 책, 2016, 102쪽.

24 · 위의 책, 104쪽.

가 재정 지원금에 의존하는 행정기관과 사업단위는 관련 재산을 중국인민은행에게 맡겨야 한다. 은행이 이에 대해 이자를 지불하지 않는다. ⑨ 지급 · 청산시스템의 정상적인 운영 유지. ⑩ 금융업의 자금세탁 방지에 대한 지도와 안배 및 자금세탁 방지 관련 자금에 대한 감시와 검사. ⑪ 금융업의 통계 · 조사 · 분석 및 예측. ⑫ 국가의 중앙은행으로서 관련 국제적 금융 활동의 종사. ⑬ 국무원이 규정하는 기타 직책.

(2) 금융감독 직책

1990년대 초반까지 인민은행이 중앙은행으로서 전체 금융시장을 감독하는 유일한 감독기관이었다. 인민은행은 1992년 주식시장에 대한 감독 기능을 증감회에게 이관한 이후 보험시장과 은행업 금융시장에 대한 감독 기능을 보감회, 은감회에게 차례로 이관한 바가 있으나, 금융시장의 운영상황 감독 · 관리 및 금융 거시조정을 위하여 일부 금융감독 기능을 보유하고 있다.

「인민은행법」 제5장에 따라 인민은행의 주요 감독기능은 크게 아래의 4가지로 구분할 수 있다.[25] ① 금융시장 감독 · 관리 및 거시조정권.[26] ② 조사 · 감독권. 중국인민은행의 조사 · 감독권은 3가지로 나뉜다. 제32조에 따라 인민은행의 직접 조사 · 감독권, 제33조에 따라 인민은행이 은보감회에 조사 · 감독을 건의하는 권리, 제34조에 따라 특정 상황에서 인민은행의 은행업 금융기관에 대한

25· 위의 책, 122쪽.

26· 「중국인민은행법」, 2003, 제31조 중국인민은행은 법에 근거하여 금융시장의 운영상황을 감독하고 금융시장에 대하여 거시적 조정을 수행하며 금융시장의 균형적인 발전을 촉진한다.

전면적 조사 · 감독권이 있다. ③ 자료요구권.[27] ④ 금융통계 편제와 공포권.[28]

3. 중국인민은행법 수정에 따른 변화

2020년 10월, 「중국인민은행법(개정안 의견조사본)(中国人民银行法修订草案征求意见稿, 이하 '의견조사본'이라고 함)」이 공식 발표되었다. 2003년 인민은행법 수정 이래 17년만의 전면 개정이 앞두고 있다. 「의견조사본」에 따르면 '거시건전성 정책과 집행' 및 '금융서비스 실업 활성화'가 입법목적으로 추가되었다.[29]

의견조사본은 거시경제관리와 거시건전성감독을 비롯한 총 8부분 주요 내용을 강조하였다. ① 금융서비스 실업 활성화 추구 및 거시경제관리 강화. ② 중국인민은행 직책 세분화. ③ 통화정책과 거시건전성감독정책 협동 구조 구축 요구. ④ 시스템주요금융기관系统重要性金融机构과 금융지주회사金融控股公司 관련 감독 제도 보완. ⑤ 인민은행의 금융안정유지, 시스템위험조치 등 책무 강화. ⑥ 인민폐 관리 규정 보완. ⑦ 인민은행 내 · 외부 통제제도 보완. ⑧ 인민은행 금융감독 수단 보완 및 금융위법행위 처벌 강화. 「중국인민은행법」의 개정을 시발점으로, 금융환경과 금융상품의 발전

27· 「중국인민은행법」, 2003, 제35조 중국인민은행은 직책수행의 필요에 근거하여 은행업금융기구가 필요한 자산부채표 · 이윤표 및 기타 재무회계 · 통계표와 자료의 이송을 요구할 권리가 있다. 중국인민은행은 마땅히 국무원 은행업감독관리기구 · 국무원의 기타 금융감독관리기구와 감독 · 관리 정보공유체제를 구축하여야 한다.

28· 「중국인민은행법」, 2003, 제36조 중국인민은행은 전국의 금융통계데이터 · 보고서에 대하여 통일적인 제작을 책임지고 아울러 국가의 유관규정에 따라 공표한다.

29· 「중국인민은행법(개정안 의견조사본)」, 2020, 제1조.

추세에 적합한 감독수단과 감독체계를 탐구하기 위하여 입법 측면에서 많은 변혁이 이루어지고 있다.

III. 증권감독관리위원회

현행 증권법에 따르면 증감회는 증권시장에 대한 감독·관리를 통하여 증권시장의 공개公开·공평公平·공정公正을 유지하고 시스템 위험을 방지하여 투자자의 합법적인 권익과 증권시장의 건전한 발전을 보장하도록 한다.[30] 전국의 증권, 선물, 채권, 상장 기업, 증권 선물 운영 기관, 기금 관리회사 및 기타 기관에 대한 감독·관리를 수행하고, 관계 법규의 제·개정, 제도의 구축, 투자자 보호 등의 역할을 담당한다. 거래 감시·관리를 수행하는 동시에, 상장 인가 및 증권업과 관련된 종업 자격의 인정(변호사, 회계사 등), 중국인민은행과 공동으로 펀드수탁자의 자격심사, 증권 관련 통계 자료의 작성·발표등 업무도 담당하고 있다.[31]

증감회 본부는 베이징에 위치하며 산하에 기관당위机关党委, 19개 직능부서职能部门, 4개 직속사업단위直属事业单位를 두고 각 성(자치구自治区, 직할시直辖市, 독립계획시计划单列市 포함)에 38개 파출기구를 설치하며 20개 계통단위系统单位를 관리하고 있다. 증감회 기관, 파출기구 및 계통단위가 공동으로 국내 증권선물 감독체계를 구성한다. 증감회 기관은 증

---

30 「중화인민공화국 증권법」, 2019, 제168조.

31 중국증권감독관리위원회 홈페이지, "증감회 소개", http://www.csrc.gov.cn/.

권상품시장 관련 규칙 제·개정, 시장발전계획 수립, 중대한 심사사항 처리, 위험조치 지도와 조정, 증권선물시장 중대한 위법사건 조사, 시스템 감독업무 지도·검사·독촉·조정 등 직책을 담당한다. 파출기관은 증감회의 수직 지도를 받아 관할 구역 내에서 감독과 관리 업무를 직접 수행한다. 증권 거래소, 선물 거래소, 증권업협회 등 계통단위는 거래회원 및 증권선물 거래 활동에 대하여 일선관리와 자율감독을 수행한다.[32]

Ⅳ. 은행보험감독관리위원회

은행감독관리위원회와 보험감독관리위원회로 합쳐진 은보감회는 규모가 커졌으나 관련 법률·법규 초안 작성 및 관리·감독제도 제정 등 업무가 인민은행으로 넘어갔기 때문에 사실상 권한은 축소되었다. 그러나, 통일된 법률·법규에 의거한 은행·보험업 감독·관리, 은행·보험업의 합법적·안정적 운영, 금융 위험방지와 해소, 금융소비자 합법적 권익 수호, 금융안정 유지 등에 더욱 주력하게 되었음으로 금융시장에 큰 힘이 될 전망이다.[33]

합병된 은보감회 산하에 기관당위, 26개 직능부서, 2개 직속사업단위를 설치하고, 각 성에 36개 파출기구를 배치하고 있다. 26개 직능부서 중 구은감회와 구보감회 부서로 합쳐진 24개 부서와 새

32· 중국증권감독관리위원회, 「중국증권감독관리위원회 연도보고서」, 중국재정경제출판사, 2020, 7쪽.

33· 은행보험감독관리위원회 홈페이지, "기구개황", http://www.cbirc.gov.cn/.

로 추가된 2개 신설 부서가 포함된다. 신설 회사통제감독부公司治理监管部는 은행 · 보험업 금융기관 지분관리와 회사통제 감독규칙 제정, 지분관리와 회사통제 감독 협조, 은행 · 보험업 금융기관 지분관리 강화와 주주행위관리 규범화 및 법인통제구조 개선 등 관련 업무를 수행한다. 신설 중대위험사건조치국重大风险事件与案件处置局은 은행 · 보험업 금융기관 위법사건 조사 규칙 제정, 은행 · 보험업 중대 위험사건과 위법사건 조사 · 처리 협조, 은행 · 보험업 금융기관 안보 업무 지도와 검사 등 직책을 담당한다.

제3절
소결

현재 중국은 여전히 분업감독체계를 채택하고 있으며 "1위1행2회"가 전국 금융시장과 금융기관을 감독하고 있다. 국무원 금융안정 일괄 관리 체계 중의 중요한 일환인 금안위는 국가 중요 계획 제정, 금융개혁과 감독에 대한 조율과 협조 등 중대한 기능을 수행하고 있다. 중국인민은행은 금융감독체계 중의 최고 권력 기관이며 국가 금융 위험 예방과 금융감독 조정, 국내 은행 관리 및 통화정책 수립과 이행 등을 담당한다. 은보감회는 은행과 비은행금융기관을 감독하여 금융시장을 안정화시키는 직책을 이행한다. 그러나 과학 기술의 지속적인 발전이 금융시스템에게 많은 영향을 미치고 있으며, 다양한 혁신금융상품이 끊임없이 등장하고 있어 통합경영이 금융업에서 큰 비중을 차지하고 있다. 제품과 업무 혁신이 금융감독의 장애물이 되고 있다. 기존 기관별 감독의 경계가 깨지게 되며 감독의 범위가 확정되어 감독 방식과 조치가 더 복잡해졌기 때문이다. 혁신 금융상품은 보통 업종과 부문의 경계를 뛰어넘는다는 것이 특징이므로 기존 금융감독 방식은 더 많은 산업분야를 포섭하기는 어렵다. 사회 발전의 새로운 단계에서 금융 영역의 혁신과 발전은 또한 중국 현행 분업감독에게 많은 도전을 초래하고 있다.[34]

첫째, 현행 감독체계에서 주요 기관 간의 원활한 협동 시스템이 발전되지 않았다. 2004년에 공표된 '금융감독분공합작비망록金融监管分工合作备忘录'에서 은감회, 보감회 및 증감회 간의 협동메커니즘을 명확하게 규정하였다. 그러나 그 후에, 3회가 '금융감독협조연석회의메커니즘金融监管协调联席会议机制'과 '상시연락메커니즘经常联系机制'의 요구에 따라 주기적으로 회의를 소집해서 정보 교류를 하지 못하였다. 이런 현상을 바로잡기 위하여 2008년에 '금융순회金融旬会' 제도를 도입하였는데 정기적인 회의를 통하여 '1행3회' 간의 교류와 협조를 강화하는 것이 목표였다. 2008년 7월, 정부는 통화정책과 감독정책 간의 관계를 조정하기 위하여 '중앙은행삼정방안中央银行三定方案'의 출범을 통하여 '부서간연석회의제도部际联席议制度'를 도입하였다. 그러나 권력 분배에 있어 일치한 의견이 달성되지 못했으므로 동 제도가 제대로 실천되지 않았다. 2013년 중국인민은행이 은감회, 증감회, 보감회 및 외환관리국과 연합해서 새로운 연석회의메커니즘을 마련하였다. 신 제도에 따르면, 필요한 상황에 국가발전개혁위원회国家发展改革委员会와 재정부财政部의 동참을 신청할 수 있다고

34· 张懿心, 「英国'双峰型'金融监管模式法律研究」, 랴오닝대학교 석사학위논문, 2019, 28~29쪽.

규정하였다. 동 연석회의를 통하여 구현하려는 궁극적인 목적은 감독기관 간의 협조와 교류 문제를 해소하여 감독 불충분을 피하기 위함이었다. 그러나 동 연석회의는 공식 도장을 제작하지 않으며 공식 문서를 발행하지 않는다. 또한, 1년에 한 번만 개최하기 때문에 제도 측면에서 큰 영향력을 발휘하지 못하고 있었다. 따라서, 동 연석회의는 단지 과도적인 조치로 평가되고 있다.[35]

2008년 글로벌 금융위기 이후, 금융시스템 회복과 국가 금융안정 유지 등 수요에 따라 각 나라가 상위 금융감독협조기관의 설립에 노력을 기울였다. 중국에서도 많은 논의와 검토가 제기되었다. 2017년에 마침내 금융안정발전위원회가 발족했는데 금안위의 설립은 중국 금융체계개혁의 중요한 성과이다. 그러나, 중국에서 분업감독체계를 유지하고 있는 상황에서 법제정권이 금융권역별로 나누어 여러 감독기관에 분산되어있다. 분업감독의 특징을 보유하고 있는 기존 금융법률체계가 일괄 협조 기관인 금안위의 요구를 충족시킬 수 없다. 즉, 상위법률을 통하여 금안위의 법적 지위(국가 금융안정과 발전을 총괄하는 최상위 기관)와 권한(제도 제정권과 집행권)을 명시하지 않는 한 협조 기관으로서 금안위는 종전의 연석회의와 같이 형식에 그쳐 금융안정과 금융발전의 추구를 실제로 수행하지 못하게 될 것이다.[36]

둘째, 현행 감독체계 하에서 "2회"가 은행, 증권 및 보험 금융기

35· 叶文庆, 「金融稳定发展委员会的职权及其制度保障」, 『福建金融』, 2018년 제4기, 30쪽.

36· 郭金良, 「国务院金融稳定发展委员会的功能定位与法制化研究」, 『经济法研究』, 2019년 제1기, 147쪽.

관에 대하여 각각 감독하는데 기능이 단일한 금융기관에 대하여 효율적인 감독과 관리는 이루어질 수 있으나 금융기관의 업무 혁신과 융합으로 야기된 감독중복과 감독공백 문제가 점차 부각되고 있다.[37] 한편, 분업감독은 일부 신형 금융기관을 완전히 포섭할 수 없으므로 일부 특정 업무나 상품을 감독이 느슨하거나 감독비용이 저렴한 영역으로 분류시키는 경우가 생길 수 있다. 이에 따라 금융기관이 규제차이Regulatory Arbitage를 이용하는 현상도 있을 수 있다.[38] 2018년 은보감회의 발족에 따라 중국 금융감독체계의 새로운 역사가 시작하였다. 분업감독 구조가 점차 조정되고 있으나 근본적으로 타파되지 않았다. 업종 간 감독 장벽이 여전히 존재한다.

셋째, 거시건전성 감독을 담당하는 기관이 부재하다. 현재 중국에서 채택된 기존의 분업감독은 본질적으로 미시건전성 감독의 이론체계를 유지하고 있다. 분업감독의 폐단은 거시적 차원에서 전반적인 감독을 수행할 기관이 없다는 것이다. 심지어 전반적인 감독을 할 수 있는 감독기관을 찾기도 어렵다.[39] 현재 중국의 "2회"의 감독 대상은 전체 금융시스템보다 개별 기관에 더 가까우며 시스템 위험에 대한 식별, 평가 및 처리를 이행하는 능력이 부족하다. 이러한 감독체계의 결함은 금융시장이 충분히 성장하지 않은 시기에 노출되지 않겠지만, 중국 금융시장의 신속한 발전에 따라

37· 叶文辉, 「'双峰型'金融监管模式的国际实践及对我国的启示」, 『西南金融』 2016년 제1기, 59쪽.

38· 张华 · 蒋难, 「国际金融监管的新变化与我国金融监管体制改革」, 『财经问题研究』 2003년 제10기, 26쪽.

39· 中国人民银行金融稳定局赴英考察团, 「英国金融监管改革及启示」, 『金融发展评论』 2013년 제10기, 28~30쪽.

시스템 위험의 전파 통로가 많아지며 현행 금융감독체계는 더이상 적응하기 어렵다.[40] 분업감독 하에 각 감독기관은 각자의 감독권 범위 내에서 거시건전성 감독을 강조하지만 전체 금융시장에 대한 거시건전성 감독은 중요시되지 않았으며 해당 직책을 담당하는 기관도 없다. 「중국인민은행법 개정안 의견조사본」에서 중국인민은행을 거시건전성 감독 총괄 기관으로 지정하였는데, 향후 국가 금융업의 안정성 유지 및 위험 방지를 담당하는 실질적인 기관으로서 중국인민은행의 새로운 모습이 기대된다.

---

40 周代数 · 张立超, 「金融监管的国际比较有钱研究 : 模式, 趋势与启示」, 『海南金融』 2019년 제4기, 44쪽.

04

한국의 금융감독체계의 현황

제1절 연혁

1906년 3월 「은행조례」가 출범한 이후 1999년 1월 금융감독원이 설립되기 이전까지, 한국의 금융감독체계는 은행, 증권, 보험 등 금융권역별로 분할되어 있었다. 그러나 1997년 IMF위환위기 이후 금융의 자유화Liberalization와 탈규제화Deregulation 등으로 인하여 금융기관의 업무가 겸업화·다양화되며, 금융 산업의 세계화Globalization와 대외개방 등으로 인하여 금융환경이 격변하였는데 다원적인 금융감독체계로 변화 중인 금융환경을 응대하기 힘들다.[1]

금융업의 발전과 함께 한국의 금융감독체계도 계속 발전하고

1· 방영민, 『금융의 이해』, 법문사, 2010, 462쪽.

있는데 금융감독 정책의 발전을 기준으로 크게 3개 시기를 나누어서 살펴볼 수 있다. 즉, 1999년 이전 분업감독의 형성과 발전 시기, 1999~2008년 통합감독 시기, 2008년 이후 감독체계 재조정 탐색 시기이다.

Ⅰ. 분업감독 시기(1906~1999)

1878년 6월 최초의 근대적 은행점포인 '(일본)제일은행 부산지점'이 설립되었다. 한국 금융산업의 태동기가 시작하였다. 1891년 1월 일본보험회사인 '제국생명'이 최초의 한국 지점(부산지점)을 설립한 후, 1896년 6월 최초의 근대적 민간은행인 '조선은행'이 설립되었다. 1946년 9월, 한국 최초의 생명보험회사인 '대한생명'의 설립과 함께 한국에서 현대적 금융제도가 도입되기 시작하였다. 이어서 1949년 11월, 최초의 증권회사인 '대한증권'이 설립되었다. 1955년 8월 한국이 국제통화기금IMF과 국제부흥개발은행IBRO에 가입하면서 국제경제활동의 참여를 통하여 현대적 금융제도의 구축을 보완해 나가고 있었다.[2]

금융업에 대한 감독과 관리를 강화하기 위하여 정부는 일련의 정책을 내세우기 시작하였다. 1906년 3월 「은행조례」를 제정한 후 1950년에 「한국은행법」을 제정하여 중앙은행인 '한국은행'을 설립하였다. 1954년 8월 금융통화위원회에 은행 감독권한을 부여하는

2· 금융감독원 홈페이지, 「우리나라 금융발전 역사」, http://www.fss.or.kr/.

내용을 기재한 『은행법』이 시행하였으며 중앙은행이 은행업에 대한 감독을 시작하였다. 1961년 6월에 효율적인 증권 거래를 위한 「증권거래법」이 제정되었으며, 1962년 1월에 보험업자 감독 및 보험계약자 보호를 위한 「보험업법」이 실시되었다. 1962년 4월, 「한국은행법」이 개정되었으며 은행감독부를 은행감독원으로 확대개편하였다. 1977년 1월에 '증권관리위원회'가 발족하였으며 '증권감독원'도 개원하였다.[3]

1980년부터, 금융산업의 발전기가 도래하였다. 1980년 2월, 고정환율제를 변경하여 통화바스켓에 의한 변동환율제를 실시한 후, 1989년 9월에 환율자유화가 시행하였다. 또한, 1989년 4월에는 '한국보험공사'가 '보험감독원'으로 개편되며 사후적인 감독직능이 강화되었다. 1996년 7월에 '협회중계시장(코스닥시장, KOSDAQ)'의 개설을 이어서, 같은 해 12월에 한국이 '경제협력개발기구OECD'에 가입하였다. 1980-1996년 10여 년간, 한국 금융시장의 신속한 성장에 맞추어 정부는 느슨한 금융감독제도를 수행하였다.

그러나, 1997년 IMF외환위기 이후, 대통령 직속의 금융개혁위원회가 설립되었고, 동 위원회의 관련 보고서를 바탕으로 금융개혁법안을 마련하였다. 이후 「금융감독기구의 설치 등에 관한 법률」에 의거하여 1998년 4월 금융감독원의 의사결정기구인 금융감독위원회가 발족하게 되면서 은행감독원, 증권감독원, 보험감독원 및 신용관리기금 등 4개 감독기관의 통합이 본격화되었고 1999년

3· 위의 홈페이지.

1월 2일 마침내 금융감독원이 설립되었다.[4]

Ⅱ. 통합감독 시기(1999~2008)

1997년 IMF외환위기 발생 후 한국의 금융업 발전은 구조조정기로 매진했으며 금융감독체계도 재정비되기 시작하였고, 분업감독체계를 통합감독체계로 전환하였다. IMF외환위기를 통하여 분업감독체계의 취약점이 대폭 노출되어 통합감독기관을 설립할 계기가 도래하였다. 한국은 국제통화기금IMF으로부터 사상 최대의 구제금융 패키지를 지원받아 동년 11월부터 광범위하게 신자유주의적 경제개혁을 단행하였다. 특히 IMF는 한국 측에 구제금융에 대한 조건으로 금융부문의 자유화를 포함한 급격한 제도적 변화를 요구하였다. 양해각서 체결 시 IMF는 특히 한국은행 및 금융감독제도 개편 등과 관련된 13개의 금융관련법률안 통과를 강조하였다.[5]

IMF 외환위기 직후인 1997년 12월 31일 정부는 금융개혁위원회 보고서 및 IMF 권고안을 바탕으로 「금융감독기구의 설치 등에 관한 법률」을 제정 · 공포함으로써 1998년 4월 1일 국무총리 소속의 금융감독위원회가 발족되고, 1999년 1월 2일 동법 제24조에 의거 은행감독원, 증권감독원, 보험감독원과 신용관리기금을 통합하여 금융감독원이 설립되었다.

---

4. 금융감독원, 『금융감독제도』, 2013, 4~5쪽.

5. 임혜란 · 이하나, 「한국 금융감독체계 개혁의 정치경제」, 『한국정치연구』 Vol.18 (1), 서울대학교 한국정치연구소, 2009-02-28, 120쪽.

Ⅲ. 감독체계 재조정 탐색 시기(2008 이후)

2008년 미국발 글로벌 금융위기를 겪은 한국은 다른 나라에 비하여 위기에 잘 대처한 것으로 평가받고 있으나, 저축은행 부실사태와 관련하여 금융감독당국에 대한 국민의 불신이 높아지면서 현행 금융감독체계에 대한 문제점 진단과 더불어 근본적인 개선에 대한 각계의 방안이 백가쟁명식으로 제기되고 있다.[6] 거시건전성 감독의 강화, 시스템위험의 예방, 금융소비자 보호의 강화 및 민생금융발전의 촉진 등을 중요시하기 시작하였다.

2008년 2월 29일, 「금융감독기구의설치등에관한법률」이 「금융위원회의 설치 등에 관한 법률」로 개칭되며 금융감독위원회의 감독정책기능과 재정경제부의 금융정책기능을 통합하여 금융위원회를 설치하였다. 이명박 정부 말인 2012년에 「금융소비자 보호에 관한 법률」 제정안과 금융소비자보호원 신설을 골자로 하는 「금융위원회 설치 등에 관한 법률」 제정안이 국회에 제출되면서 금융감독원을 현재와 같이 통합형으로 존치시킬 것인가와 금융건전성감독기구와 금융소비자보호기구 분리하여 운영하는 쌍봉형으로 전환할 것인가에 대한 논쟁이 거론되었으나[7] 현재에 이르러서도 답안을 찾지 못하였다.

6· 김성수, 「금융감독 체계개편에 관한 입법정책적 과제」, 『공법연구』 Vol.41 (2), 한국공법학회, 2012, 486쪽.

7· 서호준, 「우리나라 금융감독조직의 연도별 효율성 분석에 관한 탐색적 연구」, 『한국공공관리학보』 Vol.33 (2), 한국공공관리학회, 2019-06, 216쪽.

제2절
현행법상 금융감독체계

1999년 금융감독원의 발족을 분기점으로 한국의 금융감독은 분업감독체계에서 통합감독체계로 전환하였다. 금융위원회와 금융감독원은 협의의 통합금융감독기관을 구성하며 기획재정부, 한국은행, 예금보험공사 등을 포함한 금융감독 관련기관이 넓은 의미상의 금융감독기구에 포괄된다.

금융위원회는 금융에 관한 정책·제도, 금융회사 감독 및 검사·제재, 금융회사의 인허가 등 금융감독과 관련된 주요사항을 심의·의결한다. 금융감독원은 금융산업의 선진화와 금융시장의 안정성 도모, 건전한 신용질서와 공정한 금융거래관행 확립, 예금자 및 투자자 등 금융수요자 보호를 목적으로 한다. 금융감독원은 금융감독업무를 수행하는 과정에서, 통화신용정책을 수립·운용하는 한국은행, 예금보험기금의 운영을 담당하고 있는 예금보험공사 등의 업무와 직·간접적으로 연관되어 있으므로, 금융유관기관 간에 협력 및 견제가 이루어지도록 권한과 역할이 배분되어 있다.[8]

통합감독의 구조 특징은 '일원화'라는 것이다. 즉, 금융에 대한 감독권은 통합감독기관인 금융위원회와 금융감독원에 귀속한다. 2008년부터 금융감독원이 금융위원회로부터 독립되었으나 두 기관은 여전히 일체로 간주된다.

8· 금융감독원, 『금융감독개론』, 2020, 19~20쪽.

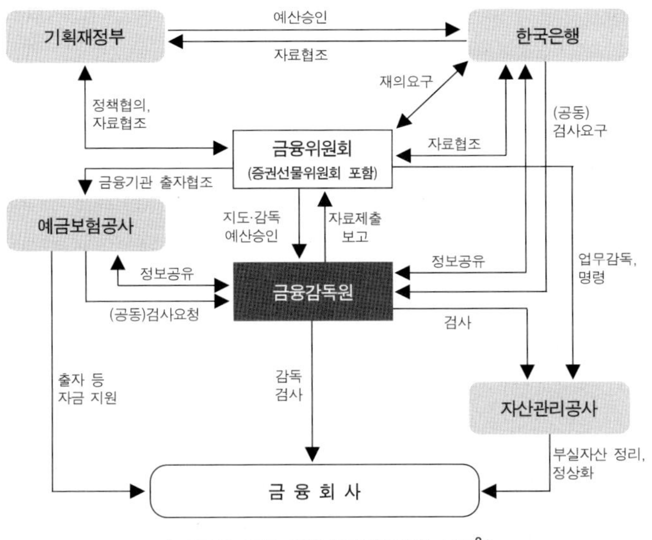

〈그림 1〉 한국 현행 금융감독체계 구조[9]

I. 금융위원회

2008년 개정된 「금융위원회의 설치 등에 관한 법률」에 따라, 재정경제부의 금융정책 기능과 금융감독위원회의 금융감독정책 기능이 통합되어 금융위원회를 구성하였다.[10] 또한, 「금융위원회와 그 소속기관 직제」에 따르면, 금융위원회 및 증권선물위원회를 구성하고, 금융위원회 소속으로 금융정보분석원을 두며, 금융위원회의 사무를 처리하기 위하여 사무처를 설치하였다. 금융위원회는

9· 금융감독원, 『금융감독개론』, 2020, 21쪽.
10· 「금융위원회의 설치 등에 관한 법률」, 2008, 제17조 제6호.

상대적으로 강한 독립성을 가지고 있어 독자적으로 금융 정책 및 금융감독 정책을 구성할 수 있기 위하여 터를 닦았다.

금융위원회의 주요 기능은 중대한 금융 사항에 대하여 심의하여 결정하는 것이다. 주로 다음 부분이 있다. 즉, ① 금융에 관한 정책 및 제도에 관한 사항; ② 금융기관 감독 및 검사 · 제재에 관한 사항; ③ 금융기관의 설립, 합병, 전환, 영업의 양수 · 양도 및 경영 등의 인가 · 허가에 관한 사항; ④ 자본시장의 관리 · 감독 및 감시 등에 관한 사항; ⑤ 금융소비자의 보호와 배상 등 피해구제에 관한 사항; ⑥ 금융중심지의 조성 및 발전에 관한 사항; ⑦ 상술 사항에 관련된 법령 및 규정의 제정 · 개정 및 폐지에 관한 사항; ⑧ 금융 및 외국환업무 취급기관의 건전성 감독에 관한 양자 간 협상, 다자 간 협상 및 국제협력에 관한 사항; ⑨ 외국환업무 취급기관의 건전성 감독에 관한 사항이다. 금융위원회는 통합감독기관으로서 금융 정책 및 금융감독 정책과 관련된 모든 권한을 가지기 때문에 금융 정책과 금융감독 정책 간의 조화에 기여하고 있으며 정책의 효율성을 높이는데 도움이 된다.

또한, 증권선물위원회는 금융위원회의 내부 기관으로서 한국 자본 시장의 발전에 매우 중요한 역할을 담당한다. 증권선물위원회는 자본시장의 불공정거래 조사, 기업회계기준 및 감시 등과 관련된 주요사항에 대한 사전심의 등을 수행하는 권한을 가지고 있다.

II. 금융감독원

금융감독원은 「금융감독기구의 설치 등에 관한 법률」에 의거 1999년 1월에 설립되었고, 이후 2008년 2월 29일에 개정된 「금융위원회의 설치 등에 관한 법률」에 의거 현재의 금융감독원으로 거듭났다. 금융감독원은 특별법에 근거하여 설립된 무자본특수법인으로서 국가 또는 지방자치단체로부터 독립되는데, 그 원인은 금융감독업무가 정치적 압력 또는 행정부의 영향력에 의하여 자율성을 잃지 않도록 함으로써 중립적이고 전문적인 금융감독기능을 구현하기 위함이다.[11] 금융감독원은 통합감독기관으로서 금융위원회의 지도와 감독 하에 금융기관에 대한 감독과 검사 기능을 수행한다.[12]

「금융위원회의 설치 등에 관한 법률」 제37조와 제38조에 따라 금융감독원의 주요 기능은 다음과 같다. 첫째, 은행, 금융투자회사, 증권 금융 회사, 농협은행, 수협은행 등 법에 따라 금융감독원의 감독을 받는 금융기관의 업무와 자산상황에 대하여 검사한다. 둘째, 검사 결과와 관련하여 법에 따라 제재를 부과한다. 셋째, 금융위원회와 소속 기구에 대하여 업무지원을 제공한다. 넷째, 다른 관련 법률 및 규정에 따라 부여된 업무를 수행한다.

모든 금융권역에 대한 감독권한은 금융감독원에 집중되어 있는

11· 금융감독원, 『2019연차보고서』, 2020, 14쪽.

12· 「금융위원회의 설치 등에 관한 법률」, 2008, 제24조.

데 2019년 말까지 금융감독원은 61개 부서로 구성되어 있으며, 각 지방에 11개 지원, 해외에 7개 해외사무소를 두고 감독 · 검사 · 금융소비자보호[13] 관련 업무를 수행하고 있다.[14] 또한, 금융감독원이 국내 및 국제 금융 발전현황과 감독추세를 적시에 파악하고 정보와 발전동향을 금융위원회에게 제공한다.

Ⅲ. 중앙은행 – 한국은행

1. 설립 및 목적

한국은행의 설립근거법인 「한국은행법」은 1950년 5월 5일 제작된 이후 금융경제 환경과 정부의 경제운용방식 및 정책기조 등의 변화에 따라 여러 차례 개정을 거쳤다. 현행 「한국은행법」 제1조에 따르면 한국은행은 효율적인 통화신용정책의 수립과 집행을 통하여 물가안정을 도모함으로써 국민경제의 건전한 발전에 이바지함을 목적으로 하며 통화신용정책을 수행할 때에는 금융안정에 유의하여야 한다.

13· 금융소지자보호업무 강화 및 금융회사 감독 · 검사업무와 금융소비자보호간 견제와 균형을 도모하기 위하여 2012년 5월부터 금융소비자보호처를 금융감독원장 직속의 준독립기구로 설치하였다.

14· 금융감독원, 『2019연차보고서』, 2020, 15쪽.

2. 기능 및 역할[15]

(1) 화폐의 발행과 환수

한국은행은 한국조폐공사에 의뢰하여 제조한 화폐를 보관하고 있다가 한국은행의 본점과 지점을 통하여 시중에 내보내는데, 발행된 화폐는 시중에서 사용되다가 예금이나 세금납부 등으로 금융기관에 들어오게 되며 이중 일부는 다시 한국은행이 환수한다.

(2) 통화신용정책의 수립 및 집행

한국은행이 수행하는 가장 중요한 업무는 통화신용정책을 수립하고 집행하는 것이다. 통화신용정책이란 화폐의 독점적 발행 권한(발권력)을 부여 받은 중앙은행이 다양한 정책수단을 활용하여 돈의 양이나 금리가 적정한 수준에 머물도록 영향을 미치는 정책을 의미한다. 통화신용정책의 최우선 목표는 중앙은행이 발행하는 돈의 가치, 즉 물가를 안정시키는 것이다.

또한, 중앙은행은 금융시장 상황을 면밀히 점검하는 한편 자금수급 불균형 등으로 금융기관의 유동성이 악화되거나 금융시장에서 자금이 원활하게 돌아가지 않을 때 유동성을 공급하는 등 금융시스템의 안정을 유지하는 역할을 한다. 물가안정과 금융시장 안정 등을 달성하기 위한 한국은행의 통화신용정책 수단으로는 공개시장운영, 여 · 수신제도, 지급준비율제도 등이 있다.

15· 한국은행 홈페이지, "주요 기능 및 역할", htttp://www.bok.or.kr/.

(3) 금융시스템의 안정 유지

한국은행은 금융시스템의 안정성을 유지 · 강화하는 책무를 수행한다. 이를 위하여 한국은행은 국내외 경제여건, 금융시장의 안정성, 금융시스템의 건전성 상황 등을 종합적으로 점검한다. 또한 금융시스템의 이상 징후를 제때에 알아내어 그 위험성을 평가하고 조기에 경보하기 위하여 다양한 지표를 개발하여 활용한다.

금융시스템의 안정을 위해서는 기본적으로 이를 구성하는 금융기관, 금융시장 및 금융인프라가 안정되어야 한다. 따라서 한국은행은 금융기관과 금융시장에 불안요인이 없는지를 상시적으로 분석하는 한편 필요한 경우에는 긴급자금의 공급을 통하여 금융안정을 도모하기도 한다. 금융기관에 긴급자금을 제공한 경우에는 해당 금융기관의 업무와 재산상황을 조사 · 확인하는 업무도 수행한다. 이와 함께 금융기관에 대해서는 금융감독원에 검사를 요구하거나 금융감독원과 공동으로 검사하기도 한다.

한편 한국은행은 금융인프라인 지급결제시스템이 효율적이고 안정적으로 운영되도록 하는 업무를 수행하며, 건전성 감독이나 시장규율 관련 제도가 금융안정에 도움이 되는 방향으로 정비될 수 있도록 정부 및 금융감독원과 적극 협의하기도 한다.

(4) 금융기관의 예금 수입 및 대출

한국은행은 금융기관을 상대로 예금을 받고 대출을 해주는 은행의 은행이다. 금융기관으로부터 예금을 받아 이를 관리하고 있는데 이 예금은 금융기관 고객의 예금인출에 대비한 지급준비금으로서 뿐만 아니라 금융기관 상호간의 자금결제 또는 한국은행으로부터 받은 대출금의 상환자금 등으로 이용되고 있다.

또한 한국은행은 금융기관에 대하여 재할인 또는 담보대출의 형태로 금융기관에 자금을 대출한다. 이러한 금융기관에 대한 통상적인 대출 외에도 금융기관이 일시적으로 자금이 부족하여 예금을 내주기가 어렵게 되는 경우에는 긴급자금을 빌려주기도 하는데 이를 중앙은행의 '최종대부자 기능'이라고 한다. 이와 같이 한국은행은 자금부족에 직면한 금융기관이 순조롭게 영업을 할 수 있도록 도와주는 역할을 하고 있으므로 한국 금융제도의 안전성을 지켜주는 마지막 보루라 할 수 있다.

(5) 국고금 수납 및 지급

한국은행은 국민이 정부에 내는 세금 등 국고금을 정부 예금으로 받아 두었다가 정부가 필요로 할 때 자금을 내주는 업무를 하는 한편 정부가 자금이 부족할 때 돈을 빌려주기도 하는 정부의 은행이다. 한국은행은 각 금융기관의 점포를 국고대리점으로 지정하여 우체국 등과 함께 국고금을 수납하는 업무를 취급하도록 하고 있다.

또한 정부는 자금이 부족한 경우 매년 국회에서 미리 정한 한도 내에서 한국은행으로부터 대출을 받거나 국채를 발행하는데 이때 한국은행은 정부의 국채발행업무를 대행해준다. 이밖에 한국은행은 정부가 소유하고 있는 유가증권을 안전하게 보관하는 업무도 담당하고 있다.

(6) 자금 지급결제 편리성 · 안전성 보장

한국은행은 금융기관간 자금결제가 원활하게 이루어질 수 있도록 한국의 유일한 거액결제시스템인 한은금융망BOK-Wire+을 운영한다. 자금수취와 지급간 불일치로 하루중에 일시적으로 결제자금이 부족한 금융기관에게 일중당좌대출을 제공하여 자금결제의 원활화를 도모한다.

(7) 외환자산 보유 · 운영

환율은 외환시장에서의 외환 수급에 따라 자유롭게 결정되고 있으나 지나친 쏠림현상 등으로 환율이 급격하게 변동할 경우 한국은행은 이를 완화하기 위하여 미세조정 등의 시장안정화조치를 수행한다. 또한, 한국은행은 외화유출입 변동성 완화 등 외환부문 거시건전성 제고를 통하여 금융안정에 기여하고 있으며, 은행의 외국환거래에 대한 심사 및 검사업무를 수행한다. 국내 외환시장이 불안한 경우 외화자금을 원활하게 공급하기 위하여 외국 중앙은행과 통화스왑계약을 체결하기도 하며, 위기예방 및 해결을 위한 국제공조 방안을 마련한다.

(8) 경제 조사연구 및 통계 업무

한국은행은 통화금융 동향은 물론 국내외 경제 전반에 관한 조사연구업무를 수행하고 있으며 이와 관련된 각종 통계를 작성 · 발표하고 있다. 한국은행이 작성하여 발표하고 있는 주요 통계에는 통화금융통계, 국민계정, 국제수지표, 자금순환표, 산업연관표, 기업경영분석, 생산자물가지수 등이 있다.

Ⅳ. 기획재정부

기획재정부의 모태는 1948년 대한민국 정부수립으로 탄생한 재무부와 기획처이다. 재무부는 세제 · 국고 · 금융 · 통화 · 외환 정책을 담당했고, 기획처는 1961년 경제기획으로 확대되면서 예산과 경제개발계획 수립을 맡았다. 이후 정부조직 개편에 따라 경제기획원과 재무부는 1994년 재정경제원으로 통합되었으나, 1997년 외환위기를 맞으면서 다시 재정경제부와 기획예산처로 재편되었다. 2008년 시대 요구에 충실한 경제정책, 이를 뒷받침하는 나라살림, 합리적 세제 수립, 효율적 재정전략 등을 함께 운용할 필요성이 커지면서 재정경제부와 기획예산처를 통합하여 기획재정부가 탄생하였다. 이어 2013년에는 부총리 부처로 승격되어 경제정책의 컨트롤 타워 역할을 수행하고 있다.[16]

기획재정부는 거시경제의 안정적 운용과 경제정책의 합리적 조정, 국가재원의 효율적 배분과 재정 건전성 확보, 공공기관의 혁신, 합리적 조세정책, 국제금융 · 대외협력 강화를 통하여 한국 경제의 발전을 보장하고 있다.[17] 「정부조직법」 제27조에 따르면, 기획재정부장관은 중장기 국가발전전략수립, 경제 · 재정정책의 수립 · 총괄 · 조정, 예산 · 기금의 편성 · 집행 · 성과관리, 화폐 · 외환 · 국고 · 정부회계 · 내국세제 · 관세 · 국제금융, 공공기관 관리, 경제협력 · 국유재산 · 민간투자 및 국가채무에 관한 사무를 관장한다.

16· 기획재정부 홈페이지, "일반현황", http://www.moef.go.kr/.

17· 위의 홈페이지.

V. 예금보험공사

금융기관이 파산 등으로 예금 등을 지급할 수 없는 경우 예금의 지급을 보장함으로써 예금자를 보호하고 금융 제도의 안정성을 유지하기 위하여 예금보험공사가 1996년 6월에 「예금자보호법」에 따라 무자본특수법인으로 설립되었다.

예금보험공사의 주요 업무는 다음과 같다.[18] ① 예금보험기금 조달. 예금보험기금은 금융회사가 파산 등으로 고객들의 예금을 지급할 수 없을 때 이를 대신 지급하기 위한 재원으로, 동 기금은 예금보험 대상 금융회사의 보험료, 정부와 예금보험 대상 금융회사의 출연금, 예금보험기금채권 등으로 조성한다. ② 금융회사 경영 분석 등을 통한 부실의 조기 확인 및 대응. 부실징후가 감지된 기관에 대한 임점조사와 부보금융회사의 경영분석 및 금융권별 리스크 평가모델을 통하여 부보금융회사의 부실 가능성을 조기에 파악함으로써 기금손실을 최소화한다. ③ 부실금융회사의 정리. 부보금융회사와 부실금융회사 간의 합병 등의 알선, 계약이전, 정리금융회사의 설립 및 자금지원 등을 통하여 부실금융회사를 정리함으로써 금융시스템의 안정에 기여하고 있다. 또한, 최소비용의 원칙, 손실분담의 원칙, 자구노력의 원칙, 투명성·객관성의 원칙 하에 자금을 지원하고 해당금융회사와의 경영정상화계획이행약정MOU 체결 및 분기별 점검을 통하여 원활한 금융구조조정을 추진한다. ④ 보험금 지급. 금융회사가 영업정지나 파산 등으로 고객들

18· 예금보험공사 홈페이지, "설립 목적 및 주요 업무", https://www.kdic.or.kr/.

의 예금을 돌려주지 못하게 되면 예금보험공사가 이를 대신 지급한다. ⑤ 지원자금의 회수. 출자금 회수, 파산배당, 자산매각 등을 통하여 지원자금을 회수하고 있으며, 예금자보호법 및 공적자금관리특별법에 의하여 예금보험공사(또는 직원)가 파산관재인으로 당연 선임될 수 있게 됨으로써 공적자금의 회수를 극대화할 수 있는 발판을 마련하였다. ⑥ 부실관련자에 대한 조사 및 책임추궁. 부실 또는 부실우려 금융회사에게 그 부실 또는 부실우려에 책임이 있다고 인정되는 전 · 현직 임직원, 부실금융회사에 채무를 이행하지 않은 채무자(법인 포함) 등에 대하여 손해배상청구 소송을 제기하도록 하거나 대위청구를 함으로써 엄격하게 부실책임을 추궁하고 있으며, 이러한 부실 관련자의 은닉재산을 체계적으로 조사하고 환수함으로써 책임추궁 효과와 채권회수의 극대화를 추진하고 있다.

제3절
소결

1997년과 2008년 두 차례 금융위기 동안, 한국의 정책 당국은 통화정책과 재정정책 조정 및 일련의 비상조치를 통하여 국내의 경기변동과 경제 침체를 완화시켰다. 비상 대응 조치 외에도 한국 정책당국은 금융감독체계, 금융감독 조직의 구조, 금융감독 도구 및 금융감독 취지 등에 대하여 일련의 개혁조치를 채택하였으며 탁월한 성과를 거두었다.

IMF외환위기 동안 한국의 정책당국은 일련의 개혁을 통하여 기존 분업감독을 통합감독으로 개편하였다. 수십 년 동안 유지된 분업감독으로 인한 감독중복과 감독공백 문제가 빈발하는 국면을 종결시켰다. 2008년 글로벌 금융위기 동안은 IMF외환위기 시기의 개혁 방향에 따라 정책당국이 통합감독체계를 유지하며 보완하였다. 그러나 통합감독체계는 은행 감독권한을 중앙은행에서 분리시켰으므로 중앙은행은 감독기관으로서의 감독 권한이 축소되면서 통화정책과 거시건전성 감독정책의 제정과 시행에 있어서 지장을 받기 시작하였다. 이러한 체계상의 결함은 글로벌 금융위기 시기의 개혁 과정 중에 역시 해결되지 않았다.

한편, IMF외환위기 동안 재정경제부와 한국은행의 금융감독 권한은 금융감독위원회로 통합되며, 종전의 은행감독원 · 증권감독원 · 보험감독원 · 신용관리기금 등 4개 감독기관을 통합하여 무자본특수법인인 금융감독원을 설치하였다. 이러한 조직 구조의 변화는 금융감독의 역량을 집중시키고 강화시켜 금융감독 집행기관의 중립성과 독립성을 높였다. 글로벌 금융위기 동안, 한국의 정책당국은 기존 금융감독 조직 구조를 기반으로 금융감독위원회를 금융위원회로 개편하여 기획재정부의 금융정책 제정권을 금융위원회로 이전하였다. 금융위원회는 금융 정책 제정권과 금융감독정책 제정권을 동시에 갖추게 되었으며 통합감독기관의 역량이 강화되었다. 또한, 2009년에는 각 감독기관이 공동으로 정보공유 및 공동검사 양해각서MOU를 체결하였다.[19] 각 감독기관 간의 협력과 교류

19· 정보공유 MOU는 5개 기관 체결(기획재정부, 금융위원회, 한국은행, 금융감독원, 예금보험공사간 금융정보 공유에 관한 양해각서), 공동검사 MOU는 2개 기관 체결(금융감독원과 한국은행의 금융기관 검사에 관한 양해각서).

가 강화되었다.

다른 한편, IMF외환위기 이전에 한국은 경제발전을 활성화시키기 위하여 느슨한 감독정책을 채택하였다. IMF외환위기 이후 한국이 금융감독 체계를 개편하면서, 금융기관, 특히 은행에 대하여 엄격하게 감독하기 시작하였다. 감독기관의 감독 취지는 금융기관 보호와 금융업 발전 활성화에서 금융기관에 대한 엄격한 건전성 감독으로 전변되었다. 또한, 2008년 글로벌 금융위기 이후 한국의 금융감독 취지는 개별 기관에 대한 건전성 감독에서 전체 금융시스템에 대한 거시건전성 감독으로 전변되었으며, 금융 소비자 보호를 강화하고 금융업의 장기적인 건전한 발전을 도모한다.

한국은 금융감독체계의 개혁을 통하여 좋은 효과를 거두었으며 한국 금융산업의 건전한 발전을 보장하고 금융 안정성 확보에 큰 영향을 주었다. 그러나 현재의 금융감독체계에는 여전히 부족한 부분이 남아있다.

I. 장점

금융감독체계의 개혁을 통하여 한국의 금융감독이 더욱 성숙해졌으며 금융기관의 양호한 발전이 이루어지고 금융시스템이 더욱 건전하여 금융 발전의 환경이 안정화되었다.

첫째, 비교적 명확한 권리 · 책무 배분 구조가 확립되었다. 통합감독기관인 금융위원회와 금융감독원 외의 관련감독기관인 기획재정부, 한국은행, 예금보험공사 등에게도 일부 감독기능이 부여되었다. 관련감독기관의 책무와 권한 분배가 명확하므로 분업감독의 감독중복 등 허점을 해소하였다. 통합형 감독체계는 금융감독의 효율성을 향상시켰으며 감독의 일관성을 보장하고 복수 기관의 감독으로 인하여 야기된 문제를 방지하였다.

둘째, 감독정책 집행기관의 독립은 감독 주체로서의 중립성을 보장하였다. 금융감독 수행기관인 금융감독원은 정부조직에 속하지 않으며 국가와 지방자치단체로부터 분리된 무자본특수법인이므로 정치적 압박의 영향을 받지 않고 독립적인 감독과 관리 업무를 수행하고 있다.

셋째, 거시건전성 정책의 제정과 수행 및 시스템 위험의 예방에 관하여 정책당국의 능력이 대폭 강화되었다. 정책당국이 금융감독체계에 대하여 일련의 개혁을 진행한 후, 은행, 증권, 보험 및 기타 금융기관에 대하여 통합감독기관이 더욱 전반적인 미시건전성 감독과 거시건전성 감독을 달성하였다. 미시건전성 감독 측면에서 감독기관은 금융기관의 자본 비율, 유동성, 부채 비율 및 불량 부채 제공 비율을 현저하게 개선하였다. 거시건전성 감독 측면에 있어서 감독 당국은 금융부문 조기경보시스템, 통합시스템위험평가 및 감독 메커니즘 등 다양한 통로를 활용하여 건전성 감독을 수행한다.

Ⅱ. 한계

지속적인 금융감독개혁을 거친 현재의 한국 금융감독체계는 명확한 우세를 지니고 있으며 금융업의 발전을 추진하는 데 저극적인 영향을 미쳤으나 현행 감독체계에는 여전히 개선하여야 할 문제점이 존재한다.

첫째, 중앙은행의 금융 감독권 부족으로 야기된 문제. 1954년 8월부터 「한국은행법」의 규정에 따라 은행에 대한 감독과 검사 권한을 한국은행의 은행감독부에 부여하였는데 금융감독 개혁 이후 1998년 4월에 수정된 「한국은행법」에 따라 은행감독원은 한국은행에서 분리되었으며 은행업에 대한 감독을 관장한다. 금융감독개혁을 통하여 한국은행이 상대적으로 높은 수준의 독립성을 유지했으나 상업은행에 대한 감독 기능이 없으므로 통화정책과 금융감독정책의 제정과 이행에 있어 예상할 수 없는 문제가 발생할 수 있으며 통화정책의 성과에 악영향을 미칠 수 있다.

둘째, 독립적인 금융소비자 보호기관의 결여 문제. 2002년 신용카드 대출 부실사태, 2008년 키코사태 및 2011년 저축은행 부실사태와 같은 각종 대형 금융사건을 비추어보면, 감독당국은 금융소비자를 효율적으로 보호하지 못하고 있다. 2021년 9월 25일에 「금융소비자 보호에 관한 법률」(이하 '금소법'이라 함)이 본격적으로 시행되었으며 금융소비자의 법률적 권리는 강화되었다. 금융위원회가 금소법을 두고 '금융소비자의 권익을 넓히고 보호의 실효성을 높이기 위한 새로운 제도'라고 말하는데[20], 실제 상황을 비추어보면 소비자보호 기관은 여전히 금융감독기관인 금융감독원이다.[21] 금융기관 건전성 감독과 금융소비자 보호가 동일 기관의 소관이어서 서로 간에 일정한 이해상충이 존재하며 금융소비자 침해 사건이 발생할 수 있다.

셋째, 통합감독기관의 구조적 문제. 한편, 금융위원회(의결기구)와 금융감독원(집행기구)은 각각 금융감독당국의 머리와 몸통에 해당하는 역할을 수행하도록 기대되었지만 조직 측면에서는 분리된 상태이다. 이러한 이원적 감독구조는 두 기관 간 영역다툼과 소모적 분란은 물론 문제 발생시 책임소재의 모호함을 가져오는 주요 원인이다.[22] 다른 한편, 통합감독기관에 대한 효과적인 감독과 견제가 부족하다. 통합형 감독체계는 분업감독의 협조 곤란, 감독능률 저하 등 문제를 해소했으나 또 다른 문제를 야기하고 있다. 예를 들어, 통합감독기관에게는 과도한 권력집중 문제가 일어날 수 있으며 금융기관에 대한 과도한 통제가 발생할 수 있다.

20· 금융감독원 홈페이지, "보도자료－금융소비자의 권익을 넓히고 보호의 실효성을 높이기 위한 새로운 제도가 안착되도록 시장과 함께 뛰겠습니다", https://www.fsc.go.kr/.

21· 「금융소비자 보호에 관한 법률」, 2021, 제33조 '「금융위원회의 설치 등에 관한 법률」 제38조 각 호의 기관(이하 "조정대상기관"이라 한다), 금융소비자 및 그 밖의 이해관계인 사이에 발생하는 금융 관련 분쟁의 조정에 관한 사항을 심의 · 의결하기 위하여 금융감독원에 금융분쟁조정위원회를 둔다'에 따르면, 금융감독원이 실제로 소비자보호를 수행하고 있다.

22· 김홍범, 「우리나라 금융감독체계 개편」, 『한국경제연구』 Vol.31 (4), 한국경제연구학회, 2013, 138~139쪽.

05
비교와 평가

한국은 일련의 금융감독 개혁을 통하여 큰 성과를 얻었다. 첫째, 통합형 감독체계 하에 직능 구분이 명확한 감독기관 구조를 구현하였다. 점차 독립된 감독집행기관을 통하여 금융감독의 중립성, 책임성, 효율성을 확보하였다. 국제화된 금융감독 원칙이 금융안정을 보장하면서 금융업의 발전을 대대적으로 촉진하였다. 둘째, 거시건전성 감독이 강화되었다. 셋째, 금융소비자에 대한 보호가 강화되며 금융체계가 더욱 온건해졌다. 그러나, 성과를 얻게 되는 동시에 일부 문제와 허점도 드러나게 되었다. 한편, 금융산업정책권한과 금융기관에 대한 거시적인 감독정책을 결정하는 권한이 모두 금융위원회에 집중되는데[1] 금융산업정책과 금융감독정책의 목표 간의 이해상충 관계가 쉽게 형성될 수 있으며, 이로 인

1· 김성수, 「금융감독 체계개편에 관한 입법정책적 과제」, 『공법연구』 Vol.41 (2), 한국공법학회, 2012, 489쪽.

하여 금융위원회가 금융산업정책을 우선시할 수 있다. 또한, 독립된 소비자 보호기관이 존재하지 않으므로 감독당국이 금융기관의 건전성에 치중하다 보니 소비자 보호가 뒷전으로 밀려나 있다는 시각이 제기되었다.[2]

제1절
분업감독의 주요 문제에 대한 한국의 경험

I. 감독기관 간의 협동 문제

통합형 금융감독체계의 개혁이 진행되는 과정에서 금융안정성을 유지하고 거시건전성 감독의 수요를 충족시키기 위하여, 통합감독기관인 금융위원회와 금융감독원은 기획재정부, 한국은행, 예금보험공사 등 관련 금융감독기관과의 협력을 부단히 강화하기 위하여 노력하고 있으며 거시건전성 감독정책, 통화정책, 재정정책 및 미시건전성 감독정책에 대하여 서로 간의 상보성을 강화하고 이해상충을 줄이도록 하였다. 금융기관에 대한 미시건전성 감독에 있어서도 금융위원회, 금융감독원과 예금보험공사는 서로 간의 협력을 강화하였다. 시스템위험 관리와 금융시장 유동성 조절 및 전체 지급결제시스템의 감시에 대하여 금융위원회, 한국은행과 기획재정부는 긴밀한 협력을 통하여 감독업무를 함께 수행한다. 금융기관간 협력의 강화를 통하여 금융감독의 효율성을 보장하여 한국

2· 김홍범, 「우리나라 금융감독체계 개편」, 『한국경제연구』 Vol.31 (4), 한국경제연구학회, 2013, 140쪽.

금융시스템의 건전한 운영을 확보하였다.

반면에, 현재 중국에서 분업감독을 채택하고 있으므로 감독기관 간의 협력이 부족하다. 통화정책의 수립과 원활한 수행을 위하여 중앙은행에게 일정한 기초 요건이 필요하다. 예컨대, 금융기관의 운영현황을 정확히 파악하고 있어야 하는데 은감회가 발족한 후 은행업에 대한 감독책무가 중앙은행에서 분리되었으므로 중앙은행의 정보 확보가 어려워졌으며 관련 금융정책의 효율성에 일정한 영향을 미치기 마련이다. 중국에서 '1위1행2회'가 설치되어 있는데 양호한 협력시스템의 구현에 있어서 노력할 여지가 남아있다. 또한, 각 금융감독기관 간의 협력부족은 정보공유를 실현하는 데에 악영향을 미쳐 감독 효율성 인상을 방해한다. 감독 공백과 중복이 발생할 때 감독기관 간의 직책 배분 불명확으로 인하여 협력 결여 문제가 종종 드러난다. 중국 현행 금융감독체계에서 존재하는 상술 문제점이 실무 중에 많이 노출되고 있다.

중국의 금융감독당국은 금융감독 간 협력의 중요성을 인식하게 되어 많은 시도를 해왔다. 2000년 금융감독연석회의金融监管联席会议, 2004년 금융감독분공합작비망록金融监管分工合作备忘录, 2008년 금융순회金融旬会와 부서간연석회의部际联席会议, 2013년 新금융감독연석회의, 2016년 금융사무국金融事务局의 설립 등 경험을 걸쳐서 2017년 7월에 금안위가 출범하였다. 금융개혁의 진행 및 포괄적 금융감독을 총괄하고 통화정책, 재정정책, 금융산업정책 간의 조율을 담당하므로 금융감독 조정의 권위성과 효율성을 강화하도록 하였다. 금안위의 설립은 감독협력 부족, 감독 공백, 감독 해이 문제를 완화시켰으며, 시스템위험을 효과적으로 예방하고 통제하여 금융시스템의 건전한 발전을 보장하는 데에 큰 도움이 되었다.

금융감독 협력시스템이 일정한 효과를 취득하였으나 각 감독기관은 여전히 각기의 입장에서 감독규칙을 제정하고 있다. 결국, 같은 금융권역 중의 같은 업무에 대하여 감독기관에 따라 착안점이 다른 공문서가 발행되는 경우가 많다. 감독기관과 금융기관 모두에게 부담을 주고 있다. 또한, 금융감독기관이 감독업무를 수행할 때 다양한 감독 목표에 따라 동일한 금융상품에 대하여 불균일한 감독기준을 적용하는 상황이 발생할 수 있다.[3] 예컨대, 중국인민은행과 은보감회는 은행의 영업정보 수집에 있어 다른 통계방법을 적용하여 불일치한 수치 결과가 나올 수 있다. 뿐만 아니라, 감독당국 간의 협력부족 문제는 금융기관의 불필요한 부담을 가중시켰다. 예를 들어, 감독기관이 금융기관을 검사할 때 동일한 업무가 동시에 여러 감독기관의 검사를 받게 될 수 있다. 또한, 감독기관은 다른 감독기관이 이미 결론 지은 문제에 대하여 재검토하게 될 수 있다. 감독기관의 인력과 시간 등 자원 낭비를 초래하며 금융감독 능률 저하를 야기할 수 있다.

통합형 감독체계는 기존 감독기관 간의 협력 문제를 효과적으로 완화시키고 감독기관 간의 협동을 촉진할 수 있다. 한국 금융감독 개혁의 경험을 참고하면, 중국의 실제상황을 착안하여 중앙은

3· 이원우, 「변화하는 금융환경 하에서 금융감독체계 개선을 위한 법적 과제」, 『공법연구』 Vol.33 (2), 한국공법학회, 2005, 43쪽.

행을 중심으로 하는 통합감독체계를 구축하는 것이 바람직하다. 즉, 기존 '1위1행2회'가 수행하는 감독기능을 하나의 포괄적인 금융감독기관으로 통합한다. 통합형 감독체계의 장점을 보존하는 동시에 한국식 감독체계 하의 중앙은행 감독권 부족 문제를 극복할 수 있다.

II. 감독 중복과 감독 공백 문제

한국의 금융위원회와 금융감독원이 설립되기 전에 금융감독은 기획재정부(구 재정경제부)와 각 업종별 감독기관(은행감독원, 증권감독원, 보험감독원, 신용관리기금)이 함께 수행하였다. 분업감독 시기에, 다른 금융 업종에 대하여 서로 다른 감독기관이 설립되어있으며, 각 감독기관 간의 협력 및 정보 교류는 상대적으로 비효율적이었고 감독 중복 문제가 존재하여 금융기관의 부담이 크다. 뿐만 아니라, 감독권 범위의 문제로 인하여 새로운 유형의 금융상품에 대하여 감독 공백이 발생할 우려가 존재한다.[4] 금융업의 지속적인 발전에 따라 금융기관이 제공하는 금융상품은 점점 더 복잡해지고 융합성이 높아졌으며, 다양해진 금융상품으로 인한 통합감독에 대한 금융시장의 수요에 따라 분업감독체계가 더이상 사회 현황에 적합하지 않다. 또한, 분업감독체계 하에 감독권의 과도한 분산으로 인하여 감독 공백 문제가 야기되어 금융감독을 통하여 금융 안정성을 유지하는

4· 이원우, 「변화하는 금융환경 하에서 금융감독체계 개선을 위한 법적 과제」, 『공법연구』 Vol.33 (2), 한국공법학회, 2005, 43쪽.

목적이 달성되지 못한다. 특히 1997년 IMF외환위기 이후, 분업감독이 금융산업의 신속한 발전에 적응하지 못하며, 감독 공백 문제로 인하여 감독 당국이 금융 위험을 신속히 식별하지 못했으므로 금융시장 발전 중의 문제를 적시에 발견하지 못한 것은 외환위기를 유발한 궁극적인 원인이라고 지적하는 의견이 많다. 1999년, 한국은 통합감독체계를 구현하였는데 합병된 통합감독 기관은 모든 금융업종에 대하여 포괄적인 감독을 이행하여 분업감독 시기의 감독중복과 공백 문제를 효과적으로 해소하였다.

분업감독 방식을 유지하는 전제 하에 기능별 감독을 강조함으로써 금융 겸업경영과 분업감독 간의 갈등을 어느 정도 완화시킬 수 있으나, 특정 감독기관이 다른 감독기관의 업무 활동에 실질적인 영향을 줄 수 없기 때문에 감독 공백 문제를 해소하기 곤란하다.[5] 위험성 수준이 높은 융합금융상품이 어느 감독기관의 감독 범위에도 귀속되지 않는 경우, 해당 금융상품으로 인하여 시스템 위험이 촉발될 가능성이 대폭 높아진다. 중국 현행 기관별 감독체계 하에 각 감독기관은 법률에 의하여 정해진 직권 범위 내에서만 감독 업무를 수행한다. 다른 금융 권역과 연계되는 금융기관 및 복잡한 융합금융상품에 대하여 감독 공백 문제가 종종 발생한다. 금융지주회사를 비추어보면, 은행, 증권, 선물, 보험, 신탁 및 임대 등 다양한 금융업무를 동시에 수행할 수 있는데 금융지주회사를 감독하는 과정에서 감독기관은 권한 범위와 전문성 수준의 제한으

5· 中国社会科学院金融研究所课题组,「完善中国金融市场体系的改革方案研究」,『金融评论』 2015년 제3기, 11쪽.

로 인하여 직권 범위 내의 업무에 대해서만 감독할 수 있으며, 다른 업무를 효과적으로 감독하기 어렵다. 또한, 각 금융업무 간의 연관성과 잠재적인 위험을 정확하게 파악할 수 없으므로 감독 공백 문제가 발생한다.

다수 금융 권역과 관련되는 새로운 금융상품의 경우, 상품의 복잡성으로 인하여 감독기관이 금융상품의 다양한 구성 요소를 수시로 측정하고 감시하기가 어렵고 금융상품의 잠재적 위험 요소를 본원적으로 파악하기에 불가능하다. 새로운 유형의 금융상품에 위험이 발생한 경우 감독기관은 사후적으로만 해당 위험에 대하여 조치할 수 있는데 금융감독은 매우 수동적인 상태에 처하게 된다. 인터넷 금융과 같은 혁신 금융상품의 경우, 감독기관 간의 전통적인 기능 구분으로 인하여 당해 금융상품은 기존 금융감독체계에 적시에 포섭되지 않고 감독 공백 문제가 촉발하게 된다. 결국 "P2P"와 같은 인터넷 금융회사의 범죄 행위가 빈발하는 상황이 야기되며 금융 사기를 일으켜 금융소비자에게 피해를 준다.

겸업경영의 발전에 따라 각 권역 감독기관의 권한과 기능의 구분이 점점 모호해지고 있다. 중국의 금융감독은 은행, 보험, 증권 등 금융기관의 유형에 따라 감독권한이 구분되는데 개혁 이전의 한국 감독체계와 유사하다. 감독 중복과 공백 문제를 해결하기 위하여, 중국은 한국의 감독체계를 참고하여 통합감독 · 협력감독의 체계를 구축할 수 있는데, 즉 통합된 감독기관이 금융안정성 감독을 담당하며, 산하에 수직적인 이원화 구조를 구현하여 정책기능과 집행기능을 분리해서 기관 간의 상호 견제와 유기적 협력을 통하여 시스템 위험을 효율적으로 예방하는 동시에 소비자보호 등 부문도 소홀하지 않도록 한다.

III. 거시건전성 감독 부족 문제

한국은 1997년 IMF외환위기, 2000년 닷컴 버블 붕괴, 2002년 가계신용카드 대출 부실 사태 및 2008년 글로벌 금융위기와 같은 일련의 금융위기를 겪은 후, 금융기관은 위기를 극복하기 위하여 막대한 경제적 대가를 치르게 되었다. 한국의 감독당국은 금융안정성 유지의 중요성을 인식하였으며, 금융위기의 발생을 예방 · 응대할 수 있는 거시건전성 정책을 개선하고 건전한 금융시스템과 효율적인 감독체계를 구축하는 것이 시급해졌다.[6] 2008년 글로벌 금융위기 이후, 한국의 금융감독은 미시건전성 감독을 위주로 하고 거시건전성 감독을 부차적인 것으로 한다는 상황에서 둘 다 중시하는 방침으로 전변하였다.[7] 거시건전성 정책의 개선은 시스템위험 통제, 미시건전성 감독의 보완, 금융안정의 유지 등에 대하여 중대한 영향을 미치고 있다. 이는 또한 글로벌 금융위기 이후 각 국제적 금융감독 기관 간에 이루어진 일치한 인식이다.[8]

6· 윤석헌 · 정지만, 「시스템 리스크와 거시건전성 정책체계」, 『금융연구』 Vol.24 (2), 한국금융연구원, 2010-06-30, 32쪽.

7· 이인호 · 김영도 · 송연호 · 이준서 · 정재만, 「거시건전성 감독과 신용정보」, 『KIF working paper』 Vol.2015 (15), 한국금융연구원, 2015-10-26, 175쪽.

8· 함형범 · 최창열, 「글로벌 금융 규제 강화에 따른 금융산업의 구조변화에 대한 연구」, 『통상정보연구』 Vol.16 (2), 한국통상정보학회, 2014-03-30, 47쪽.

한국은 거시건전성 정책을 수립하는 과정에서 단일 기관에 의해서만 진행하지 않았으며, 한국은행과 통합감독기관을 비롯한 여러 기관이 협력하여 거시건전성 정책을 수립하였다. 한국은행은 통화정책당국 · 최종대출자 · 지급결제제도운영자로서 한국의 거시건전성 정책 구조에서 핵심적인 역할을 수행하며, 거시적 · 체계적인 분석 책임을 담당하고 있다. 한국은행은 시스템위험 평가모형SAMP : Systemic Risk Assessment Model for Macroprudential Policy,[9] 거시계량모형Macroeconometric Model,[10] 스트레스테스트모형Stress Test Model[11] 등을 통하여 중앙은행의 입장에서 금융시스템을 감독 · 관리하며 거시건전성 감독의 결과를 분석한다.

또한, 통합감독기관도 거시건전성 정책 개선 과정 중의 중요한 역할로서 위험요인의 식별과 분석을 수행하고, 금융기관에 대한 압력측정을 구현하며, 위기 예측 등 직책을 담당한다. 금융감독원은 금융기관조기경보시스템과 금융시스템위기상황분석모형의 개발과 유지 및 파생상품과 시장 모니터링 등에 큰 영향력을 발휘하고 있다. 금융감독원은 1997년 IMF외환위기 발생한 이후부터 금융위기 예측을 위한 조기경보시스템 구축을 검토하기 시작하였다.

9· SAMP는 거시위험요인, 은행손익, 도산전염, 자금조달 유동성전염, 다기간, 시스템적 위험 지표 등 총 6개 모듈로 구성되며 시스템적 위험 지표 모듈에서 은행시스템 손실의 확률분포를 이용하여 시스템적 위기 발생 가능성을 확률적으로 평가할 수 있게 다양한 시스템적 위험 지표를 산출하였다.

10· 스트레스테스트란 예외적으로 발생 가능성이 있는 상황을 시나리오로 가정해두고 각 시나리오별로 금융시스템이 받게 될 잠재적 손실을 측정하고 재무건전성을 평가해서 이러한 충격이 발생하기 전에 사전적 평가도구로 사용되는 것.

11· 스트레스테스트란 예외적으로 발생 가능성이 있는 상황을 시나리오로 가정해두고 각 시나리오별로 금융시스템이 받게 될 잠재적 손실을 측정하고 재무건전성을 평가해서 이러한 충격이 발생하기 전에 사전적 평가도구로 사용되는 것.

2003년 신용카드사 유동성 위기를 경험한 이후 한국에서 조기경보시스템의 구축 노력이 본격적으로 이루어지기 시작하였다.[12] 금융산업에 대한 조기경보시스템 구축은 금융감독원이 담당하게 되며, 금융기관의 위기 수준을 상시 점검하기 위하여 2004년부터 운영 중인 조기경보시스템Early Warning System : EWS과 산업전반의 시스템 위험 평가 및 감시를 위하여 개발한 시스템리스크 계량평가모형을 통합한 감시체제인 '통합 시스템리스크 평가 및 감시체제 Integrated System for Systemic-risk Assessment and Monitoring : FSS-ISSAM'를 2013년에 구축하였다.[13] 금융산업의 거시건전성과 미시건전성을 통합적으로 감독하고 진단한다. 그 외에도 금융감독원은 주택담보대출비율loan to value ratio : LTV, 총부채상환비율Debt To Income : DTI, 예대율규제, 대손준비금 등 거시건전성 감독 수단을 도입하였다.

한국은행과 통합감독기관은 감독 역량의 강화와 도구의 다양화를 통하여 거시건전성 감독 시스템을 부단히 보완하고 있다. 시스템위험 유발요인에 대한 신속한 포착 능력 및 금융위기 예방을 위한 조기 예측능력이 제고되고 있다.

현재, 중국의 거시건전성 관리체계 구축은 여전히 탐색 중에 처해있다.[14] 당중앙党中央(공산당중앙위원회)과 국무원이 '2009년 하반기 업무

12· 정신동, 「우리나라 금융부문 조기경보시스템의 발전방향—금융감독원 조기경보시스템을 중심으로」, 『경제발전연구』 Vol.14 (2), 한국경제발전학회, 2008-12, 116쪽.

13· 금융감독원 홈페이지, "통합 시스템리스크 평가 및 감시체제 (FSS-ISSAM) 구축", http://www.fss.or.kr/.

14· 中国社会科学院金融研究所课题组, 「完善中国金融市场体系的改革方案研究」, 『金融评论』 2015년 제3기, 1쪽.

배분지침'에서 거시건전성 감독제도의 구축과 보완을 명확히 요구하였다. '2010년 정부업무보고서政府工作报告'는 위험관리를 강화하고, 금융감독의 효율성을 높이며, 거시건전성 관리체계의 구축을 도모하여야 한다고 제시하였다. '국가경제와 사회개발을 위한 제12차5년계획 수립에 관한 중공중앙[15]의 제안中共中央关于制定国民经济和社会发展第十二个五年规划的建议'은 역주기적인counter-cyclical 거시건전성 관리체계를 구축하여야 한다고 밝혔다. '2011년 정부업무보고서'에서 거시건전성 정책 구조를 보완하여 통화정책의 효율성을 제고하여야 한다고 제시하였다. 2013년 '제18차 삼중전회第十八届三中全会'[16]에서 통과된 '개혁의 전면적 심화에 관한 중대문제에 대한 중공중앙의 결정中共中央关于全面深化改革若干重大问题的决定'에서도 거시건전성 관리체계를 언급한 바가 있다. 중국에서 거시건전성 감독체계를 구축하여 거시건전성 정책을 보완하고 각 거시건전성 정책부서 간의 조율과 협력을 강화하는 것이 시급했었다.

거시건전성 감독에서 중국인민은행의 주도적인 지위는 2017년 국가금융회의全国金融会议를 통하여 확정되었다. 중국인민은행의 조직 구조상 지위는 기타 주요 감독기관과 평등하며 각 기관이 업무 범위 내에서 책무를 수행한다. 재무부는 거시건전성 정책 체계에서의 역량이 비교적 약하지만 긍정적인 영향을 주고 있었다. 중앙은행이 주도하는 통화정책위원회货币政策委员会, 국무원국제금융위기대응지도소조国务院应对国际金融危机领导小组, 금융감독협조연석회의메커니

15· 중공중앙이란 중국공산당중앙위원회의 약칭이다.

16· 제18차 삼중전회는 제18차 전국인민대표대회에서 선출된 중앙위원회가 진행하는 제3차 전체회의를 의미한다.

즘金融监管协调联席会议机制 등 조직에서 재무부는 적극적으로 활동하고 있었으나, 주도적인 역할을 담당하지 못하였다. 거시건전성 감독의 의사결정권과 정책도구관리 등 업무는 핵심 감독기관에 집중되어 있다.

그러나, 현행 기관별 감독체계 등 객관적인 원인으로 인하여 기존 중앙은행을 중심으로 이루어지는 거시건전성 감독의 영향력이 여전히 부족하다. 거시건전성 정책도구의 구현은 종종 분업감독체계를 근거하여 권역별로 각각 이루어지고 있으며 체계성과 일관성이 부족하다. 이러한 현상을 유발한 근본적인 요인은 중국의 거시건전성 정책체계 구조가 느슨하여 각 감독기관 간의 협조가 원활하게 이루어지지 못하기 때문이다. 금융감독협조연석회의메커니즘, 국무원금융안정발전위원회 등을 비롯한 각종의 조정 메커니즘이 점차 도입되고 있으나 기존 "1행2회"의 기능을 실질적으로 대치하지 못하였다. 미국 금융안정감독위원회Financial Stability Oversight Council, 영국 금융정책위원회Financial Policy Committee, 프랑스 건전성감독원ACPR : French Prudential Supervision and Resolution Authority 및 한국 금융감독원 등 협조기관에 비하여 중국의 협조메커니즘의 독립성과 업무 범위가 분명하지 않으며, 효율성이 명확하지 않다.[17] 상술 문제로 인하여 중국 현행 거시건전성 정책의 효과에 대한 전반적인 평가 결과는 기대치에 못 미쳤다.

경제의 변화와 발전에 따라 중앙은행을 비롯한 정책 주무 기관

17· 张发林, 「中国宏观审慎性金融监管问题评析」, 『世界经济与政治论坛』 2018년 제5기, 169쪽.

은 거시건전성 정책 관리체계에 더 많은 업무를 포섭시키는 것을 고려하면서 더 다양한 개선 조치를 검토하여야 한다. 관련 조직 구조를 계속 보완하고, 거시건전성 감독에 있어 중앙은행의 주도적인 역할을 충분히 보장하며, 적정한 건전성 감독체제를 수립하여야 한다. 따라서 향후 중국의 거시건전성 금융감독 정책은 다음 측면에 치중하여야 한다. 즉, 권역 · 부서 · 등급 경계를 뛰어넘는 포괄적 시스템위험 평가체계를 구축하고, 거시건전성 감독기관 간의 연계와 협력을 강화하여, 거시건전성 감독의 집행과 결과에 대한 일괄평가체계를 구축하고,[18] 중앙은행이 주도하고 기타감독기관이 보조해주는 거시건전성 감독체계를 수립하는 것이 바람직하다.

제2절
중국 금융감독체계 미래의 발전 방향 탐구

2008년 글로벌 금융위기 이전에 주요 서방국가에서는 이미 발전된 금융시장이 형성되었으며 금융감독체계도 비교적 완비하다. 그러나, 금융위기를 통하여 많은 문제가 노출되었는데, 과도한 금융혁신으로 야기된 위험전파 과정 중의 정보왜곡과 위험평가 능력 저하 등이 있다. 따라서 서방국가는 상술 문제를 응대 · 해결하기 위하여 발전된 금융시장 규칙을 유지하는 전제 하에 금융체계 개혁을 실시했었다. 그러나 중국이 당면하는 국면이 다르다.

18· 吴云 · 史岩, 「监管割据与审慎不足 : 中国金融监管体制的问题与改革」, 『经济问题』 2016년 제5기, 30~35쪽.

한편, 서방국가의 문제는 중국에서 두드러지지 않다. 중국의 금융혁신은 여전히 비교적 초보 단계에 처해있으며 일부 주요금융파생상품 시장은 아직 완전히 개발되지 않았다. 중국의 일부 특정 금융혁신은 규제회피를 통하여 이루어졌었다. 금융 위험의 전파 문제에 도달하는 경우가 많지 않다. 중국에서는 감독기관간 협조 곤란과 같은 일반적인 문제가 존재하고 있으나 금융감독 개혁에서 해결하여야 할 핵심 문제는 여전히 중국의 고유 문제들이다.

다른 한편으로는, 20여 년 동안의 신속한 발전을 통하여 중국의 금융시장 구조는 큰 변화를 겪었다. 상업은행이 주도하는 분업경영 구조를 유지해 왔지만, 은행, 증권, 보험, 신탁 및 기타 권역 간의 지분 관계 및 업무 교차가 심화되고 있으며 업무 협력과 상품 거래가 빈번하다. 각 업종별 위험 간에 밀접한 관련성이 있으며 이에 대한 위험분리가 곤란하다.[19] 최근, 금융 개혁과 혁신의 강도가 높아지고 있으며, 파생상품의 지속적인 혁신과 업무 범위의 확대로 인하여 겸업경영이 점차 분업경영을 대치하고 있다. 또한, 중국 금융업의 대외개방 정도가 높아지므로 외국 금융기관도 중국의 금융시장에 참여하기 위하여 중국에서 자본을 투입하여 금융지주회사 등 금융기관을 설립하기 시작하였다. 이러한 경우는 중국 현행 분업감독체계에 영향을 미치는 것이 필연적이다.[20] 이러한 상황에서 기존 “1행2회” 분업감독체계는 금융구조의 발전 요구를

19· 王志成 · 徐权 · 赵文发, 「对中国金融监管体制改革的几点思考」, 『国际金融研究』 2016년 제7기, 35쪽.

20· 吴利军 · 方庆, 「混业经营下的中国金融监管体制 : 国际比较与路径选择」, 『教学与研究』 2012년 제8기, 36쪽.

도달하기 어려우며 금융감독체계에 대한 조정이 시급하다.

I. 중앙은행 기능의 개선

금융자유화 과정에서 중앙은행의 법률적인 역할을 둘러싸고 의견이 분분하다. 건전성 감독은 일반적으로 시스템위험 해소를 목적으로 하는 거시건전성 감독과 개별 금융기관 위험을 통제하여 금융소비자 보호를 달성하려는 미시건전성 감독으로 구성된다. 중앙은행은 거시건전성 감독에 참여하여야 한다는 점이 통상적인 인식이나, 참여 정도와 범위에 있어 의견 충돌이 존재한다. 즉, 시스템위험에 대한 평가에 국한되어야 하는지, 혹은 시스템적 중요한 금융기관Systemically Important Financial Institute(이하 'SIFIs'라 함)[21] 에 대한 감독권을 동시에 보유하여야 하는지가 문제이다.[22]

중앙은행이 금융감독을 수행하기에 부당하다는 이론이 있는데 금융감독은 대부분 미시적이고 구체적인 활동이므로 중앙은행의 거시적인 화폐정책과 충돌된다고 주장한다.[23] 금융감독을 중앙은행의 직능에서 제외하여야 한다는 학설을 기반으로, 2003년에 중국에서 은감회를 설립했을 때 은행업에 대한 감독권을 은감회에

21· 시스템적 중요한 금융기관이란, 규모가 크고 금융시스템상에서의 중요성이 높아, 파산 시 큰 충격을 일으킬 수 있는 금융기관을 지칭한다. 대형 금융기관들의 경영 부실화로 발생한 2008년 금융위기 이후 G20을 중심으로 한 각국 정상들과 국제기구들은 대형 금융회사들의 부실로 금융시스템이 불안정해지는 것을 방지해야 한다는 데 동의하고, 전 세계에 걸쳐 중요한 금융회사들을 SIFI로 지정, 이들을 규제하기 위한 방안을 마련키로 합의한 바 있다.

22· 金俐, 「关于中央银行金融监管权边界的理论思考」, 『金融发展研究』 2010년 제3기, 9쪽.

23· 刘迎霜, 「论我国中央银行金融监管职能的法制化」, 『当代法学』 2014년 제3기, 121쪽.

부여하면서 중앙은행을 거시경제 관리기관으로 지정하였다. 세계 추세를 순응하여 금융감독의 '탈중앙은행화'를 실시하였다.

그러나, '탈중앙은행화'한 감독 방식은 자산가격과 개별 금융기관의 건전성에 많이 기여하며 금융혁신과 겸업경영으로 초래한 시스템위험을 충분히 중요시하지 못한다. 2008년 글로벌 금융위기 이후 많은 국가가 중앙은행의 거시건전성 기능 강화를 금융감독 개혁의 핵심으로 두었다. 거시건전성 감독 구조의 법체계 구축에 있어 중앙은행의 법정적인 금융감독 직능을 명시하였다.

미국의 「도드-프랭크 월 스트리트 개혁 및 소비자 보호법Dodd-Frank Wall Street Reform and Consumer Protection Act」에 따르면, 시스템위험 예방을 강화하기 위하여 미국 연방준비제도 이사회를 SIFIs에 대한 감독 주체로 지정하였으며 건전성 감독의 기준을 인상하였다. 연방준비제도의 금융감독 대상은 상업은행에서 전부 SIFIs로 확대되었는데 자산 규모가 500억 달러 이상인 은행, 시스템적으로 중요한 증권 · 보험회사 등 비은행 금융기관, 시스템적으로 중요한 지불 · 청산 · 결제 업무와 금융 인프라 등에 대한 감독 · 관리를 담당하고 있다. 또한, 건전성 감독 기준이 인상되었는데 SIFIs의 자본, 레버리지 비율, 유동성, 위험 관리 등에 대하여 비교적 엄격한 감독 기준과 요구 사항을 적용하였다. 연방준비제도는 금융지주회사 및 자회사를 직접 검사하고, 금융지주회사와 업무 상대방의 상세 정보를 직접 조사할 권력이 있다. 동 법안 제619번 조항인 볼커룰Volcker Rule에 따르면 은행은 증권, 파생상품, 상품선물과 같은 위험성이 높은 프롭트레이딩Proprietary Trading이 제한되었으며 헤지 펀드

Hedge Fund와 사모 펀드Private Equity Fund의 발행도 제한되었다.

영국 금융감독체계 개혁의 핵심은 역시 강력한 중앙은행을 세우는 것이었다. 2009년 「은행법Banking Act」에 의하여 금융안정 유지에 있어 영국은행의 법정 직책과 핵심적인 지위가 확정되었다.[24] 한편, 금융 안정성을 유지하는 차원에서 중앙은행의 거시건전성 감독 책임을 명시하고 필요한 정책 수단과 도구를 강화하였다. 은행 지불 체계에 대한 감시권을 영국은행에게 수권하며 불량은행을 대상으로 유동성지원liquidity support을 제공하는 자격을 부여하였다. 또한, 정책 수행에 있어 영국은행에게 융통성을 부여하였는데 유동성지원을 제공할 시 영국은행은 비공개적 방식을 채택하여 비밀히 진행할 수 있다. 다른 한편, 미시건전성 감독을 다시 중앙은행에게 되돌려줬으며 거시건전성 감독과 미시건전성 감독의 조화와 통일을 도모하였다. 영국은행 이사회 산하에 금융안정위원회Financial Stability Committee, FSC를 설립하였다. 또한, 영국은행은 처분 기관으로 지정되었다. 위기 발생 후, 불량 금융기관에 대한 감독 당국의 효율적인 조치 수단이 미흡하여 금융위험의 확산을 방지하지 못했었는데 해당 문제를 해결하기 위하여 「은행법」은 '특별한 처분 메커니즘Special Resolution Regim, SRR'을 설립하여 영국은행을 처분주체 중의 하나로 확정하였다. 영국은행은 부실 금융기관에 대한 처분과 강제 퇴출 절차를 담당한다. 부실 은행의 전체 및 일부 업무 양도, 가교 은행bridge bank 설립, 필요한 경우 부실 은행의 국유화 진행 등 광범위한 처분 권한을 가지고 있다.

24· 胡濱 · 尹振涛, 「英国的金融监管改革」, 『中国金融』 2009년 제17기, 24쪽.

거시건전성 감독에 있어 감독 당국의 권리는 다음 6가지로 분류할 수 있다: ① 정보수집권 ② 거시건전성 감독 결정권 ③ 거시건전성 감독 집행권 ④ 정책제안권 ⑤ 감독조정권 ⑥ 위기조치권.[25] 은행업 · 보험업 중요 법률 · 법규 초안과 건전성 감독 기본제도의 제 · 개정 권한을 중국인민은행에 부여한다고 결정한 '국무원기구개혁방안(2018)'은 기존 감독체계를 겸업경영 추세에 적합하도록 채택한 중요 조치였다. 또한, 금안위가 설립된 이후, 중국 현행 금융감독체계는 다음과 같다. 즉, ① 중국인민은행은 거시건전성 감독을 담당하여 거시건전경 감독 도구와 화폐정책을 실시한다. ② 금안위는 중앙은행과 '2회' 간의 조정을 담당하여 거시건전성 감독 조정과 지도를 수행한다. ③ '2회'는 미시건전성 감독과 구체적인 금융행위 감독을 실시한다. 이에 따라, 거시건전성 감독 결정권은 중국인민은행에 의하여 수행되며 감독조정권은 금안위에 부여되었다. 향후 다음 부분에 입각하여 중국인민은행 기능 개선을 검토할 수 있다.

거시건전성 감독기관으로서 중국인민은행의 정보수집권을 입법을 통하여 확정한다. 거시건전성 감독의 기반은 효율적인 경제 데이터 분석이다. 중국인민은행과 금안위에 의하여 일괄적인 기준을 채택하여 은행 · 보험 · 증권업 등 관련 정보를 식별 · 수집 · 분석하며 정보의 실효성과 적정성을 확보하는 전제하에 통합 데이터베이스를 구축하여 기관 간 정보공유 메커니즘을 설립하도록 한다.

25· 叶文庆, 「宏观审慎监管机构的监管权力探讨」, 『上海金融』 2013년 제3기, 67쪽.

거시건전성 감독의 집행에 있어 중국인민은행의 감독과 검사 권한을 보장하여야 한다. 현재 미시금융감독은 '2회'에 의하여 수행되는데 거시건전성 감독정책의 효율성을 보장하기 위하여 미시건전성 감독기관의 협조와 철저한 수행이 필요하다. 경제발전과 금융안정을 추구하기 위하여 미시건전성 감독기관의 거시정책 이행현황에 대하여 거시건전성 감독기관의 적당한 검사권을 보장하여야 하는데, 입법을 통하여 중국인민에 대한 '2회'의 보고의무를 명시하는 것이 바람직하다. 중국인민은행은 적당한 점검과 평가를 진행하며 거시건전성 감독 지도자 역할을 최대화한다.

II. 통합형과 쌍봉형 감독체계의 구현

2017년 12월 중앙경제공작회의中央经济工作会议에서 중대 위험 예방은 현재 금융감독의 최우선 임무라고 제시하였다. 최근, 금융감독 강화를 요지로 하는 정책, 의견 및 방안이 쏟아지고 있다. 은보감회의 출범이 통합감독 구축 추세를 보여주면서, 중국인민은행 거서건전성 감독과 '2회' 미시건전성 감독의 분리에 쌍봉형 감독의 취지가 반영되고 있다. 향후 중국 금융감독체계의 개편 방향이 아직 명확하지 않다.

1. 통합형 감독체계 구현 가능성

금융 기술 자체의 업종 교차성·혼합성과 더불어 신기술의 광범위한 활용으로 인하여 금융 기술은 시간과 공간을 넘어 여러

분야와 시장에서 다양한 금융제품을 창출할 수 있으며 금융업의 겸업 특성이 더욱더 부각될 전망이다. 또한, 금융 위험의 내재적 연관성과 금융권역 간의 관련성이 긴밀해질 것이며 금융 위험의 공간적 전파 및 시스템 위험의 발생 가능성이 높아지고 있다.[26] 겸업경영의 추세에 따라 분업감독체계를 계속 유지하면 금융 기술 분야에 대한 감독의 취약점이 빈번하게 노출되며 감독의 효율성이 저하해질 것이다.[27] 겸업경영의 발전 추세를 순응하기 위하여 일부 국가의 금융감독체계는 최근 몇 년 간에 큰 변화를 겪었으며 통합감독체계로 개편되었다.

중국은 2000년부터 각 감독기관 간의 연합을 도모하기 시작하였다. 2000년에 은감회, 증감회와 보감회가 금융감독연석회의를 수립했으며, 2004년 '금융감독분공합작비망록金融监管分工合作备忘录'에 의하면 금융감독협조연석회의메커니즘과 상시연락메커니즘이 설치되었다. 동 비망록은 중국이 분업감독에서 통합감독으로 매진하는 시발점으로 간주되었으나 해당 협력시스템은 종전의 금융감독연석회의와 마찬가지로 정기적으로 소집되지 않았으며 수년간 정체되어있었다. 2008년 글로벌 금융위기 이후 중앙은행, 국가발전개혁위원회, 외환관리국, 재정부, 증감회, 은감회 및 보감회 등 기관의 대표자가 "국무원국제금융위기대응지도소조国务院应对国际金融危机领导小组"를 구성하여 시스템위험을 대처하기 위한 회의를 정기적으로 소집하였다. 그 후에 중앙은행이 주도적으로 이의제기를 하였으므

26· 张守营, 「金融科技监管不妨采用'监管沙盒'」, 『中国经济导报』, 2017.

27· 彭景 · 张莹, 「制约'监管沙盒'本土化应用的瓶颈及制度建议」, 『西部经济管理论坛』, 2018, 68쪽.

로 동 시스템이 온전히 시행되지 못하였다. 중국인민은행은 2013년에 새로운 연석회의메커니즘의 설립을 주도하였으며 기관 간의 교류를 어느 정도 강화시켰으나 구체적인 운영절차 규칙과 의결권 배분 불분명 등 결함으로 인하여 일부 특정 정보의 교류 공간에 그쳐 감독기관의 협력과 조율을 실현하려는 목표를 달성하지 못하였다.[28] 2017년에 개최된 국가금융공작회의国金融工作会议에서 금융기관 간의 교류와 조율에 대한 강화가 다시 중요한 문제로 거론되어 국무원금융안정발전위원회가 설립되었다. 2018년 국가기관개혁에서 은감회와 보감회는 은보감회로 통합되었다. 그러나 오랫동안 채택되고 있었던 분업감독체계가 근본적으로 바뀌지 않았다.[29]

향후 중국은 2개 단계를 거쳐 통합감독체계를 구축하는 방식을 고려할 수 있다.[30] 중국의 국정을 비추어보면, 점진적인 금융감독체계 개편 과정이 바람직하다. 1단계는 '일부 금융지주회사는 겸업경영, 기타 금융기관은 분업경영'인 현황에 따라 분업감독체계를 유지하고 '2회'가 각기의 관할 범위 내에 감독을 수행한다. 감독연석회의메커니즘을 구축하여 '2회'가 정보 교류 전문인력을 파견하고 전문적인 교류 공간을 구현해서 감독의 규칙적 · 제도적 충돌을 방지하도록 하며 금융지주회사에 대한 감독 조치를 함께 조정한다. 상술 체계는 현행 감독기관의 설치를 크게 바꾸지 않으면서 은보감회와 증감회 간의 연락과 소통을 추진할 수 있다. 이를

28· 何宗泽, 「基于金融消费者保护目标的我国金融监管改革」, 『安徽广播电视大学学报』 2018년 제3기, 13쪽.

29· 张发林, 「中国宏观审慎性金融监管问题评析」, 『世界经济与政治论坛』 2018년 제5기, 168쪽.

30· 张华 · 蒋难, 「国际金融监管的新变化与我国金融监管体制改革」, 『经济问题研究』 2003년 제10기, 27쪽.

통하여 분업감독체계 구조를 유지하면서 금융지주회사에 대하여 연석회의에 의하여 통합감독을 시행하는 동시에 개별 업종을 종사하는 그 자회사에 대해서 기관별 감독을 적응한다.

금융기관 관리 체계가 보완되고, 내부 통제제도 효율성이 상승하고, 금융산업의 혁신력과 경쟁력이 향상되고, 금융업 법체계가 건전해지고, 감독 이념이 확정해진 후에 2단계 개혁을 진행한다. 즉 통합감독체계의 구현이다. 금융안정발전위원회를 확장하여 산하에 대상 권역별에 따라 은행감독국, 보험감독국, 증권감독국, 신탁감독국 등 부서를 설치하여 은행업, 보험업, 증권업, 신탁업에 대하여 별도의 감독을 수행한다. 이를 통하여 감독 기능의 확정, 감독 기준의 통일, 감독 능률의 제고 등 목표를 도모한다. 중국인민은행은 전체 금융시스템의 최종대출자로서 금융안정발전위원회와 함께 협력메커니즘 및 정보공유메커니즘을 구축하여 시스템위험을 예방한다. 동시에, 기존 은행업협회, 증권업협회, 선물업협회, 증권투자기금업협회, 보험업협회 등 업계 자율 조직과 감독당국 간의 협력을 강화시키고 업계 자율 관리를 규범화하여 불공정경쟁을 제거한다.

2. 쌍봉형 감독체계의 구현 가능성

최근 금융감독 구조에 대한 일련의 조정에서 쌍봉형 감독체계의 특징이 보이고 있는 반면에, '쌍봉형 감독'의 이념도 반영되고 있다. 우선, 2017년 '전국금융공작회의全国金融工作会议'에 따른 국무원 금융안정발전위원회의 설립을 통하여 국가 금융산업의 발전 방향

조정과 금융감독체계 개편의 기틀이 잡혔다. 다음, 2017년 '당의십구대보고党的十九大报告'에서 통화정책과 거시건전성 감독정책의 '쌍선双线' 관리 구조를 강화하여야 한다고 강조하였다. 셋째, 2018년 은감회와 보감회가 은보감회로 통합되었으며 구 2회의 중요 법률법규 초안 제·개정권과 건전성 감독 정책 수립 권한이 중국인민은행에게 배정되었다.

현행 금융감독체계는 금융감독의 정책제정 주체와 집행 주체 구분, 감독기관의 권한과 책임 배분 등 최상위 제도 설계 문제에 초점을 맞추고 있다. 통화정책, 거시건전성 감독 및 미시건전성 감독 간의 자원 배분 방식과 조율메커니즘을 확립하도록 하고 있다. 거시적인 측면에서, 중국인민은행이 통화정책 제정과 거시건전성 감독을 담당하고 통화안정과 금융안정을 보장한다. 미시적인 측면에서, 은보감회와 증감회가 구체적인 감독을 수행한다. 금안위에 의하여 거시와 미시 간의 협조와 조율이 실현되고 있다.

그러나, 현재 미시건전성 감독과 영업행위 감독은 모두 은보감회와 증감회에 의하여 수행되는데 건전성감독과 소비자보호를 담당하는 기관을 구별해서 설치하는 것을 고려해볼 필요가 있다. 또한, 은보감회와 보감회를 별도로 설치하는 기존 감독체계가 여전히 분업감독의 특징을 보유하고 있다. 쌍봉형 감독체계를 구현하려면 은행·보험·증권 등 업종별 감독기관을 통합하여 단일한 미시건전성 감독기관을 설립하거나, 은보감회와 증감회를 중국인민은행 산하 부서로 편입하여야 한다.

2018년 국무원기관 개편 이후, 국무원부서인 중국인민은행 및 직속사업단위인 은감회와 증감회는 국무원의 감독 · 관리를 받아야 한다는 점을 감안하여 향후 영국식 금융감독체계를 참고하여 기관별 감독체계를 쌍봉형 감독체계로 개편할 수 있다. 또한, 국무원의 감독 · 관리 하에 금안위의 직능을 강화하여 '1행2회'와 재정부 등 부서 간의 소통과 교류를 규범화한다. 이러한 방식을 통하여 기존 감독 중복과 공백 등 문제를 해소하며 감독기관 간의 협력을 통하여 전체 금융감독 효율성을 최대화하고 금융위험의 예방 및 금융위기의 방지를 달성하도록 한다.

참고 문헌

◆ 단행본

강효백 · 노은영,『중국금융법』, 파주 : 한국학술정보, 2016.

금융감독원,『2019연차보고서』, 2020.

________,『금융감독개론』, 2020.

________,『금융감독제도』, 2013.

방영민,『금융의 이해』, 법문사, 2010.

이원우,『경제규제법론』, 弘文社, 2010.

정순섭,『은행법』, 지원출판사, 2017.

중국증권감독관리위원회,「중국증권감독관리위원회 연도보고서」, 중국재정경제출판사, 2020.

陈四清,『国外金融监管介绍』上册, 中国金融出版社, 2010.

姜洋,『中国证券商监管制度研究』, 中国金融出版社, 2001.

刘锡良 · 刘雷,『金融监管结构研究』, 中国金融出版社, 2020.

戴相龙,『中国人民银行五十年－－中央银行制度的发展历程』, 中国金融出版社, 1998.

强力 · 王志诚,『中国金融法』, 中国政法大学出版社, 2010.

史福厚,『金融监管导论』, 中国商务出版社, 2004.

吴弘,『中国证券市场发展的法律调控』, 法律出版社, 2001.

谢平,『路径选择 : 金融监管体制改革与央行职能』, 中国金融出版社, 2004.

周升业 · 孔祥毅,『中国社会主义金融理论』, 中国金融出版社, 1993.

◆ 논문

한국 논문

고동원, 「쌍봉형 (Twin Peaks) 금융감독기구 체제 도입 논의의 검토」, 2013.

금융감독원, 「주요국의 금융감독체계와 금융소비자 보호제도」, 2014.

김종민 · 정순섭, 「금융규제와 시장원리에 관한 연구」, 『금융연구』 Vol.23 (2), 한국금융연구원, 2009-11-30.

김홍범, 「통합금융감독체계의 이론과 실제」, 『한국경제연구』 Vol.10, 한국경제연구학회, 2003-06.

______, 「우리나라 금융감독체계 개편」, 『한국경제연구』 Vol.31 (4), 한국경제연구학회, 2013.

김성수, 「금융감독 체계개편에 관한 입법정책적 과제」, 『공법연구』 Vol.41 (2), 한국공법학회, 2012.

서호준, 「우리나라 금융감독조직의 연도별 효율성 분석에 관한 탐색적 연구」, 『한국공공관리학보』 Vol.33 (2), 한국공공관리학회, 2019-06.

양기진, 「금융위기 이래 금융감독 개편 추세와 시사점 – 영국형 감독체계의 한국 적합성 여부」, 『상사판례연구』 Vol.31 (3), 한국상사판례학회, 2018-09-30.

윤상윤, 「2010년 미국의 금융개혁법과 우리나라 금융규제 · 감독법제에서의 시사점」, 2011.

윤석헌 · 고동원 · 빈기범 · 양채열 · 원승연 · 전성인, 「금융감독체계 개편, 어떻게 할 것인가?」, 『금융연구』 Vol.27 (3), 한국금융연구원, 2013-09-30.

윤석헌 · 정지만, 「시스템 위험과 거시건전성 정책체계, 금융연구」, 2010.

이나영, 「[탐구] 해외서도 탈 많은 '쌍봉형 금융감독' – 이원화 후 사각지대 · 서로 '네탓' 책임공방 '볼썽'」, 『한국금융』, 2013.

이원우, 「변화하는 금융환경 하에서 금융감독체계 개선을 위한 법적 과제」, 2005.

이인호 · 김영도 · 송연호 · 이준서 · 정재만, 「거시건전성 감독과 신용정보」, 『KIF working paper』 Vol.2015 (15), 한국금융연구원, 2015-10-26.

임혜란 · 이하나, 「한국 금융감독체계 개혁의 정치경제」, 『한국정치연구』 Vol.18 (1), 서울대학교 한국정치연구소, 2009-02-28.

정신동, 「우리나라 금융부문 조기경보시스템의 발전방향 – 금융감독원 조기경보시스템을 중심으로」, 『경제발전연구』 Vol.14 (2), 한국경제발전학회, 2008-12.

함형범 · 최창열, 「글로벌 금융 규제 강화에 따른 금융산업의 구조변화에 대한 연구」, 『통상정보연구』 Vol.16 (2), 한국통상정보학회, 2014-03-30.

외국 논문

Christian Hawkesby, "Central Banks and Supervisors : the Question of Institutional Structure and Responsibilities, Selected Isueds for Financial Safety Nets and Market Discipline", Bank of England, 2000.

David G. Mayes, Geoffrey E. Wood, "The Structure of Financial Regulation", NY : Routledge, 2006.

G30, "The Structure of Financial Supervision : Approaches and Challenges in a Global Marketplace", 2008.

Goodhart, Charles, H.Philipp, T.Llewellyn David etc, "Financial Regulation : Why, How and Where Now?", New York : Routledge, 1998.

Heiko Hesse, Nathaniel Frank, Brenda González-Hermosillo, "Transmission of Liquidity Shocks : Evidence from the 2007 Subprime Crisis", IDEAS Working Paper Series from RePEc, 2008.

Howard Davies, "A Grand Project We Can Do Without", *Financial Times*, 2010.

IMF, "United States : Financial Sector Assessment Program Detailed Assessment of Observance of the Basel Core Principles for Effective Banking Supervision", *IMF Country Report* 15/89, 2015.

James R. Barth, Gerard Caprio, Ross Levine, "The Regulation and Supervision of Banks around the World : A New Database", *Brookings-Wharton Papers on Financial Services*, 2001.

Jeffrey Carmichael, Alexander Fleming, David T. Llewellyn, "Aligning Financial Supervisory Structure with Country Needs", D.C. : World Bank Institute, 2004.

Llewellyn, D. T., "Institutional Structure of Financial Regulation : The Basic Issues", Paper Presented at the World Bank Semina on Aligning Supervisory Strutures with Country Needs, 2003.

Llewellyn, D. T, "The Economic Rationale for Financial Regulation. London : Financial Services Authority", 1999.

Robert C. Merton, "A Functional Perspective of Financial Intermediation", *Financial Management* Vol.24(2), 1995.

Taylor, M., "Twin Peaks. A Regulatory Structure for the New Century", Center for the Study of Financial Innovation, 1995.

陈波・李昊匡, 「我国金融监管"双峰"模式框架再造研究」, 『海南金融』, 2018년 제10기.

冯艳妮, 「中国金融监管体制现状及改革对策」, 길림대학교 석사학위논문, 2017.

崔鸿雁, 「建国以来我国金融监管制度思想演进研究」, 복단대학교 박사학위논문, 2012.

郭金良,「国务院金融稳定发展委员会的功能定位与法制化研究」,『经济法研究』, 2019년 제1기.
何宗泽,「基于金融消费者保护目标的我国金融监管改革」,『安徽广播电视大学学报』 2018년 제3기.
金俐,「关于中央银行金融监管权边界的理论思考」,『金融发展研究』 2010년 제3기.
刘迎霜,「论我国中央银行金融监管职能的法制化」,『当代法学』 2014년 제3기.
胡滨・尹振涛,「英国的金融监管改革」,『中国金融』 2009년 제17기.
马德功・李天德,「国际金融监管趋势及对我国金融监管的思考」,『社会科学战线』, 2006.
牛广轩,「中国金融监管体制分权架构研究」, 운남대학교 박사학위논문, 2016.
彭景・张莹,「制约'监管沙盒'本土化应用的瓶颈及制度建议」,『西部经济管理论坛,』 2018.
钱小安,「建立中国统一的金融监管体制的构想」,『财经科学』 2002년 제1기.
任泽平,「英国金融监管改革启示:从分业到混业到双峰」,『审计观察』 2018년 제2기.
王志成・徐权・赵文发,「对中国金融监管体制改革的几点思考」,『国际金融研究』 2016년 제7기.
吴利军・方庆,「混业经营下的中国金融监管体制:国际比较与路径选择」,『教学与研究』 2012년 제8기.
吴思麒,「从分业经营到混业经营:对金融监管组织机构模式的研究」,『经济研究参考』 2004년 제35기.
吴云・史岩,「监管割据与审慎不足:中国金融监管体制的问题与改革」,『经济问题』 2016년 제5기.
伍晓雯,「澳大利亚与英国'双峰'监管模式的比较研究」,『海南金融』 2016년 제1기.
杨凯文,「中英金融监管有效性比较研究——基于宏观审慎的视角」, 상해외국어대학교 석사학위논문, 2018.
姚瑶・张明月・闫琪,「我国金融监管框架改革探讨」,『合作经济与科技』 2018년 제20기.
叶文辉,「'双峰型'金融监管模式的国际实践及对我国的启示」,『西南金融』 2016년 제1기.
叶文庆,「宏观审慎监管机构的监管权力探讨」,『上海金融』 2013년 제3기.
______,「金融稳定发展委员会的职权及其制度保障」,『福建金融』, 2018년 제4기.
尹航,「金融监管体制的主要问题与革新途径之研究」,『财经金融』 2018년 제15기.
臧慧萍・徐光临,「国际金融监管的新特点:审慎监管, 防患未然」,『WTO经济导刊』, 2006.
张发林,「中国宏观审慎性金融监管问题评析」,『世界经济与政治论坛』 2018년 제5기.
张华・蒋难,「国际金融监管的新变化与我国金融监管体制改革」,『财经问题研究』 2003년 제10기.
张守营,「金融科技监管不妨采用'监管沙盒'」,『中国经济导报』, 2017.
张晓朴・卢钊,「金融监管体制选择:国际比较, 良好原则与借鉴」, 2012.
张懿心,「英国'双峰型'金融监管模式法律研究」, 랴오닝대학교 석사학위논문, 2019.

中国人民银行金融稳定局赴英考察团,「英国金融监管改革及启示」,『金融发展评论』2013년 제10기.

中国社会科学院金融研究所课题组, 「完善中国金融市场体系的改革方案研究」, 『金融评论』 2015년 제3기.

周代数・张立超,「金融监管的国际比较有钱研究 : 模式, 趋势与启示」,『海南金融』2019년 제4기.

아 시 아
태평양법
연구시리즈 **8**

한·중 금융감독체계에 관한 비교법적 연구

초판1쇄 발행 2021년 9월 30일

지은이 주예비
펴낸이 홍종화

편집·디자인 오경희·조정화·오성현·신나래
박선주·이효진·최지혜·정성희
관리 박정대·임재필

펴낸곳 민속원
창업 홍기원
출판등록 제1990-000045호
주소 서울 마포구 토정로25길 41(대흥동 337-25)
전화 02) 804-3320, 805-3320, 806-3320(代)
팩스 02) 802-3346
이메일 minsok1@chollian.net, minsokwon@naver.com
홈페이지 www.minsokwon.com

ISBN 978-89-285-1654-4 94360
SET 978-89-285-1113-6

ⓒ 주예비, 2021
ⓒ 민속원, 2021, Printed in Seoul, Korea

저작권법에 의해 한국 내에서 보호를 받는 저작물이므로
무단전재와 복제를 금합니다.
이 책 내용의 전부 또는 일부를 이용하려면
반드시 저작권자와 민속원의 서면동의를 받아야 합니다.

책 값은 뒤표지에 있습니다.
잘못된 책은 바꾸어 드립니다.